中小企業が採用で成功する絶対法則

求人広告で
予算を無駄にしない
ためにやるべきこと

採用コンサルタント
小口 正史　鈴木 貴士　坂村　学
宮坂 真菜　小沢 栄輝　澤田 宝悦
本郷 翔平　好井 享平　中本 崇浩
及川　卓　遠山 祐基　佐々木 純平
共著

採用力 ＝ 企業力 × 戦略力（釣り理論） × 改善力

日本法令

はしがき

「小口さん、この本、本当に出していいんですか？　お客さんいなくなっちゃいますよ…」。筆者の１人である採用コンサルタントの仲間が思わず電話をかけてきました。本書に記載されている、採用成功の攻略法「釣り理論」による採用支援は、通常クライアント企業が毎月40万円以上支払って受けるサービスの内容です。その内容をわずか本体2,300円の書籍として世に出すということは、「私たち採用コンサルタントの仕事が不要になるのではないか？」という、不安からの言葉でした。

　しかし、私はこの本を出版します。多くのクライアント企業が採用攻略法「釣り理論」に則った改善により採用成功を収めているという事実。そして、日本には中小企業が約420万社ありますが、私達採用コンサルタントが１人で支援できる企業は、多くて年間20社程度。さらに多くの中小企業が、この採用攻略法を必要としているからです。

　私たちの採用のコンサルティング、採用代行費用は高額ですが、その価値は「結果」として明確に現れています。私たちは営業活動をまったくすることなく、毎月紹介のみで30社以上の相談を受け、20件以上の商談希望が殺到しています。なぜかといえば、ズバリ結果として、今まで採用で苦しんできた企業が、採用で喜ぶべき結果が出るようになったという実績があるからです。

　この採用攻略法「釣り理論」はとても反響があり、広島銀行グループの人材支援を担うひろぎんヒューマンリソース様主催の「中小企業の採用戦略セミナー」に筆者が登壇させていただいた際には、212名の経営者や人事担当者が参加され、満足度99%、28社の企業様が「もっと詳しく聞きたい」と個別相談を希望いただきました。

　その他、宮城県、福島県、長野県、石川県、富山県等の地方銀行様主催の採用セミナーに筆者が登壇しており、多くの中小企業様より「目から鱗だった」「具体的な事例が参考になった」「今すぐ求人を改善し

たくなった」等のコメントをいただいています。

「釣り理論」の目標は、企業が採用したいときに、採用したい人を確実に採用できるようになることです。そしてそれにより、企業成長における人材の悩みがなくなることです。まずは論より証拠。この採用攻略法を実行したクライアント様の事例を紹介します。採用成功率は脅威の97％に達しています。

● （2024年当時）年間休日85日という条件もあり、若手の採用がまったくできていなかった状態。「釣り理論」実践後、無料求人媒体のみの利用で、5か月で5名の採用を実現し、組織の若返りも実現。（株式会社クリーン・システム様／岡山県倉敷市）
● 例年新卒採用1〜2名が続いており、お手上げ状態で相談あり。「釣り理論」実践後、社内採用担当者が自走して毎年新卒で6〜10名採用ができる安定した採用基盤を構築した。（株式会社乾光精機製作所／長野県下伊那郡）
● 縁故による年間1、2人の採用のみ。技術者の高齢化により若年層の採用が必須だったが、何から手を付ければよいかわからない状態で苦戦していた。「釣り理論」実践後、8か月で応募38件、12名内定、11名入社。1級土木・1級建築含め、有資格者の複数名採用にも成功。（建設会社／福島県双葉郡）
● 採用活動は行うも、半年間で応募はハローワークからの1件のみ。代理店を通じて30万円／月でindeed掲載するも応募0件の状態だった。「釣り理論」実践後、無料求人媒体のみの運用で、半年で応募17件、4名内定、3名入社を実現。（株式会社共進／福島県いわき市）
● 有料求人媒体へ掲載して採用活動を実施していた。月1件の応募があったが、採用は0名で苦戦。「釣り理論」実践後、8か月で応募57件、13名内定、11名入社を実現した。（株式会社青山／石川県金沢市）
● 世代交代を図りたいというご相談から若手採用のお悩み。「釣り

理論」実践中の現在4年目、機械オペレーターにとどまらず、データ編集やブランディング系の職種も採用。さらに新規事業の福祉事業の立上げにともなう有資格者、福祉スタッフの採用支援も行い、事業展開に寄与している。（株式会社小松総合印刷／長野県伊那市）

● 求人媒体経由で応募が0人だった状態から、「釣り理論」実践後、半年間で約35名もの応募を獲得し、正社員1名の採用を実現。（池下産業株式会社／北海道広尾郡）

● 若手の採用ができず、社員の高齢化が進んでいた。さらに内定を出しても、家族からの引留めで内定辞退が多かった。「釣り理論」の実践に加え、会社HPの充実や社員インタビューで魅力を言語化し、家族も安心できる情報を掲載。若手からの応募、内定承諾率が大幅に向上。いつでも欲しいときに採用できる状態へ。（株式会社大崎製作所／福島県山市）

● 採用担当者不在のなか、新工場の立上げに伴う責任者候補1名およびスタッフ10名の採用が必要となる。「釣り理論」実践後、工場長候補の採用、製造スタッフの採用が完了し、さらに採用担当者も採用してレクチャー、内製化まで完了。（マルケー食品株式会社／広島県福山市）

● 全国的に受注案件が増えていて増員を検討すると同時に、社内には年齢の高いベテラン社員が偏って多い状態だった。増員と世代交代を目的とした若手の採用にお悩み。「釣り理論」実践後、1か月に2〜3応募、3か月で1名程度の若手採用を実現できる体制を整えた。（株式会社エフワイ／福井県福井市）

● 新規グループホームの開設まで残り4か月と迫っているなか、6名の採用が急務だった。まずは支援前から行っている採用活動の洗い出しと、追加で行うべき施策を設計。社内担当者との役割分担を行い、スピーディーに施策を実行。データ分析を行いながら随時修正を行い、「釣り理論」を用いて4か月で7名の介護職採用に成功。（株式会社介護支援センターふじの里／福島県福島市）

● どのように人材を採用するかノウハウもなく、採用が上手くいっ

ていない理由もわからず、苦戦していた。「釣り理論」実践後、3か月目で目標人数3名のうち2名が充足し、採用担当者もそのノウハウを習得した。（某素材メーカー／東京都・神奈川県）

　世の中には、採用について書かれた本は星の数ほどあります。また、インターネットで「採用」と検索すれば、数え切れないほどの情報が溢れていますが、その多くは、特定の媒体を推奨するものや、ブランディングや広報に特化した内容が中心です。しかし、多くの企業にとって予算的にもマンパワー的にも実現不可能な戦略であることも多いでしょう。

　本書では、お金をかけなくても採用できる手法を多数紹介しておりますし、若手採用の仕方、経験者採用の攻略法など、多岐にわたる手法や、採用における根本的かつ重要な考え方を載せています。

　筆者は、この本ほど、採用の本質を突き詰めた書籍は他にないと自負しています。本書が多くの企業にとっての救いとなり、採用成功への道を照らす道しるべとなることを願っています。

　2025年3月吉日

執筆者代表　小口　正史

CONTENTS

はじめに −採用できる会社と採用できない会社の違い−

■ 序　章 ……………………………………………………… 3

第1節　採用の世界へようこそ……………………………… 5
1　この本を読むべき人…………………………………… 5
2　採用成功率97％の秘訣 ……………………………… 7

第2節　採用失敗あるある1〜24 ………………………… 9
1　面接者が見極めしかしない………………………… 11
2　自社で働く魅力が語れない………………………… 12
3　採用の主担当者・決裁者・主導者がいない……… 13
4　求人広告や求人サイトにお金をかけたが、反応がない… 14
5　手は尽くしていると思っている…………………… 16
6　流行りのSNSに着手したが、うまくいかない ……… 17
7　ハローワークしか使ったことがなく、次の手がわから
ず媒体選定もできない………………………………… 18
8　人材紹介会社から紹介が来ないor質が悪い ……… 19
9　内定を出したのに親ブロック・妻（夫）ブロックにあう… 20
10　入社してもすぐに辞めてしまう…………………… 21
11　求人のハードルが高すぎる………………………… 22
12　採用担当と現場の決裁者で人物像の認識が一致してい
ない…………………………………………………… 23
13　求人を出してから一度も改善していない………… 24
14　採用が現場任せ・担当者任せになっている……… 25
15　採用ターゲットと初期教育が連動していない…… 26
16　「応募＝志望度が高い」と勘違いしている ……… 27
17　競合を知らない・調べていない状態で採用活動を進め
ている………………………………………………… 28

⑱	採用が成功しない理由を他責にしている………………	29
⑲	求人情報が業務説明書のようになっている…………	30
⑳	写真が魅力的ではない……………………………………	31
㉑	新卒と中途の求人内容に差がない……………………	32
㉒	意味のない書類選考や事前郵送を定めている…………	33
㉓	採用目標や計画を立てていない…………………………	34
㉔	給与が低いせいで採用できないと思い込んでいる………	35

第3節　採用できる会社の特徴1〜10 ……………… 36

①	採用は簡単だと思っていない（ウルトラCはない）……	37
②	経営者が「採用コスト」を「投資」と考えている………	38
③	経営層や幹部層が積極的に採用に関わっている…………	39
④	採用活動を実行できる人がいる………………………	40
⑤	社長や幹部社員の人柄に魅力がある…………………	41
⑥	1人ではなく、会社として取り組む…………………	42
⑦	採用ハードルは下げるが、妥協はしない……………	43
⑧	人材関連の定期的なミーティングがある……………	44
⑨	意思決定のスピードが速い……………………………	45
⑩	採用の仕事が面白い・楽しいと思えている…………	46

基本の考え方編 −採用成功のための土台作り−

■ 第1章　あなたの会社が必ず採用できるようになる理由 ……………… 49

第1節　なぜ"必ず"と言い切れるのか ……………… 51

| ① | どのような会社でも採用が成功するのか…………… | 51 |
| ② | 採用支援の成功事例…………………………………… | 52 |

(1)　A社　／52

(2)　B社　／52

(3)　C社　／53

⑷　D社　／53

⑸　E社　／53

③　労働条件が他社より厳しい会社でも採用が成功する
　理由……………………………………………………… 55

⑴　今の条件でもやりがいをもって働いている人がすでにい
　るため　／55

⑵　「採用力＝企業力」ではないため　／56

⑶　強みがない会社はないため　／57

第2節　採用力伸びしろ診断……………………………… 58

①　採用力の定義…………………………………………… 58

⑴　企業力　／59

⑵　戦略力（釣り理論）　／60

⑶　改善力　／60

②　採用力をチェックする「伸びしろ診断」………………… 61

第3節　採用市場の変化…………………………………… 62

①　有効求人倍率の変化…………………………………… 62

②　採用手法の変化………………………………………… 63

⑴　1960年代〜2020年代の採用手法　／63

⑵　どのメディアを活用すべき？　／64

③　今後の採用市場………………………………………… 65

■ 第2章　採用成功のための原理原則 ………………… 67

第1節　採用戦略とは …………………………………… 69

①　戦略なき実行は消耗戦………………………………… 69

②　釣る魚から釣上げまで決めるのが採用戦略の「釣り理
　論」……………………………………………………… 70

第2節　求職者目線 ……………………………………… 71

⑴　転職時にたどる一連の流れ　／71

⑵　求職者の具体的な動き　／72

基礎編 －採用攻略法「釣り理論」の徹底解説－

■ 第3章　企業力 ……………………………………… 77

第1節　企業力に含まれる7つの要素 ……………………… 80
- ① 業　界 ………………………………………………… 80
- ② 仕事内容 ……………………………………………… 82
- ③ 企業ブランド ………………………………………… 83
- ④ 企業安定性 …………………………………………… 84
- ⑤ 給与・待遇 …………………………………………… 85
- ⑥ 労働環境 ……………………………………………… 86
- ⑦ 社内リソース ………………………………………… 87

第2節　企業力を見てから戦略立案と改善へ …………… 88

■ 第4章　戦略力（釣り理論）……………………… 89

第1節　釣る魚（ターゲット）……………………………… 92
- ① 釣る魚（ターゲット）を考える前に……………………… 92
  - ⑴ 【大前提】釣り理論＝釣り求人ではない　／92
  - ⑵ ほとんどの会社は釣り堀の話しかしない　／94
- ② ターゲット設定でよくある3つのミス………………… 94
  - ⑴ 欲しい要素を盛りすぎている　／95
  - ⑵ 誰でもよい　／96
  - ⑶ 組織図にはまらない　／97
- ③ ターゲット設定のポイント…………………………… 98
  - ⑴ 3つの要件を満たしたターゲット像を抽出する　／98
  - ⑵ 松竹梅で採用条件を整理する　／100
  - ⑶ 転職の決め手となる理由を考える　／101
- ④ 釣る魚（ターゲット）の事例………………………… 102
  - ⑴ 建築設備の営業　／102

⑵　経理事務　／104

　　⑤　まとめ……………………………………………………106

第2節　釣り竿（求人原稿）……………………………107

　　①　最も大切なのは「心に刺さるかどうか」……………108

　　②　釣り竿（求人原稿）の重要性………………………109

　　　⑴　まずは思考実験をしてみよう　／109

　　　⑵　ターゲットが変わると求人原稿も変わる　／111

　　③　ピンポイント求人…………………………………112

　　　⑴　もし自分が求人原稿を書くとしたら？　／112

　　　⑵　求人Aは見た人の心に刺さるか　／114

　　　⑶　求人Bは誰の心にも刺さるか　／116

　　　⑷　求人原稿はターゲット人材をリアルにイメージして書く　／118

　　④　企業の強み≠求職者にとっての魅力………………119

　　⑤　求人原稿の重要度は求人難易度に比例する…………121

　　⑥　求人原稿に載せる内容………………………………122

　　⑦　刺さる求人原稿の作成ポイント……………………123

　　　⑴　公開調査データの活用　／124

　　　⑵　実際に自社で働いている人へのインタビュー　／128

　　⑧　釣り竿を変えて採用に成功した事例………………130

　　　⑴　改善前（Before）の求人原稿　／131

　　　⑵　求人原稿を改善させる前に取り組んだこと　／132

　　　⑶　改善後（After）の求人原稿　／140

　　　⑷　求人原稿を改善した結果　／146

　　⑨　まとめ……………………………………………………148

第3節　釣り餌（求人タイトル・写真）………………149

　　①　写真とタイトルを変えるだけで人気求人へ？……150

　　　⑴　写真とタイトルのバリエーションを増やす　／150

　　　⑵　社員インタビューの内容も反映させる　／151

　　　⑶　タイトルでは「どのような職種か」を一言で表す　／153

　　②　給与設定も重要………………………………………154

9

（1） 経験者は給与の下限を見る　／154

（2） 給与設定が異なるなら求人を分ける　／155

③ 写真だけ変えても効果抜群……………………………………156

（1） 写真に映る方と同じ層からの応募が多い　／156

（2） 写真撮影のコツを押さえよう　／157

④ まとめ……………………………………………………………160

第4節　釣り堀（チャネル）…………………………………………161

① 求人媒体カオスマップ…………………………………………162

② SNS採用の向き・不向き　………………………………………163

（1） SNSは主に潜在層向け　／163

（2） コンバージョン率の向上には寄与　／164

（3） 将来的には主流になる可能性も　／165

③ 各採用手法の課金タイミング…………………………………166

④ 「待ちの釣り」と「攻めの釣り」……………………………167

（1） 待ちの釣り　／167

（2） 攻めの釣り　／168

⑤ ハローワークはやはり活用すべき？…………………………170

（1） 実態調査では「3分の1の転職者」がハローワークを利用して実際に転職　／170

（2） ハローワークを利用しても応募が来ない理由　／171

（3） 応募が来る求人票のポイント　／172

（4） ハローワーク活用の鍵は「紹介」　／174

⑥ 求人媒体の選定ではKPI設計も大切…………………………180

⑦ 採用コストの考え方……………………………………………182

（1） 基本的な考え方　／182

（2） 採用コストのシミュレーション　／183

⑧ まとめ……………………………………………………………185

第5節　釣上げ（惹きつけ）………………………………………186

① 選考辞退に関する実態調査……………………………………187

（1） 面接を受けて「この会社には入社したくない」と思った

転職者の割合　／187

(2)　選考辞退した経験がある転職者の割合　／188

２　面接はマッチング………………………………………191

(1)　採用＝企業側と求職者側が持つニーズのマッチ　／191

(2)　面接対応チェックリスト　／192

(3)　面接で応募者の気持ちが離れないために　／193

(4)　そのほか　／194

３　まとめ……………………………………………………195

■ 第5章　改善力………………………………………197

１　採用力のおさらい………………………………………199

２　応募を集める工程の改善………………………………201

(1)　【復習】求職者目線の採用　／201

(2)　Web上の求人媒体で見られるデータ　／202

(3)　応募率が改善したデータの例　／203

(4)　データを使った改善方法　／207

(5)　押さえておきたい考え方　／209

３　応募を集めたあとの工程における改善…………………214

(1)　応募者ヒアリング　／214

(2)　段階別の改善方法　／214

(3)　内定承諾率が改善した事例　／217

応用編　－早期離職対策と特定のニーズに対する戦略とテクニック－

■ 第6章　社員はなぜ辞めるのか………………………223

第1節　早期退職あるある1～9　………………………225

(1)　思っていたよりもきつかった　／226

(2)　ベテラン勢と新人のギャップがありすぎる　／227

11

⑶　フィードバックが正論すぎて精神がやられてしまう　／228

　　⑷　辞める人から引き継ぐため、仕事の魅力が感じられない　／229

　　⑸　中途採用だと、未経験でも現場が即戦力を求めて育成し
　　　　ない　／230

　　⑹　直属の上司やメンターと合わない　／231

　　⑺　上層部がメンターや上司の意見だけを聞いて判断する　／232

　　⑻　「前の会社ではこうだったのに」から抜け出せない　／233

　　⑼　社長は新しい風を入れたいが、現場は今のやり方を変え
　　　　たくない　／234

第2節　なぜすぐに辞めてしまうのか ……………………235

　[1]　会社を辞める理由…………………………………………235

　　⑴　退職理由の調査結果　／235

　　⑵　「本当の退職理由」を今後の採用活動で活かすためには　／239

　[2]　【時期別】退職につながりやすいポイント ……………240

　　⑴　入社初期（入社後すぐ）　／240

　　⑵　入社後数日（1か月程度）　／241

　　⑶　入社中期（2か月～3か月程度）　／241

　　⑷　入社半年以降　／241

　[3]　離職率のデータ分析…………………………………………242

　　⑴　離職率は課題化すべきか？　／242

　　⑵　離職率の課題化の例　／243

第3節　早期離職防止のためにできること ………………244

■ 第7章　目的別の攻略法 ……………………247

第1節　若手・未経験者採用のポイント ……………249

　[1]　就職・転職データの把握……………………………………249

　　⑴　大学生就職意識調査　／249

　　⑵　世代別の転職理由ランキング　／252

　[3]　求人に載せる写真の変更……………………………………254

12

④　求人原稿に載せる内容の選定‥‥‥‥‥‥‥‥‥‥‥‥255
　　⑤　その他‥‥‥‥‥‥‥‥‥‥‥‥‥‥‥‥‥‥‥‥‥257

第2節　有資格者・経験者・難易度が高い職種の採用の
　　　　ポイント‥‥‥‥‥‥‥‥‥‥‥‥‥‥‥‥‥‥258

　　①　求人原稿の作り込み‥‥‥‥‥‥‥‥‥‥‥‥‥‥258
　　②　人材紹介会社への働きかけ‥‥‥‥‥‥‥‥‥‥‥259
　　　⑴　そもそも「人材紹介会社から推薦が来る」とは　／260
　　　⑵　人材紹介会社が求職者に紹介したい企業の特徴　／262
　　　⑶　人材紹介会社向け資料・プレゼンの内容　／263
　　　⑷　CA、RAとの継続的な関係構築　／263
　　③　有資格者・経験者・難易度が高い職種の採用に成功した
　　　　事例‥‥‥‥‥‥‥‥‥‥‥‥‥‥‥‥‥‥‥‥‥264

第3節　マネージャー・社長の右腕採用のポイント‥‥‥265

　　①　任せること・実現したいことの明確化‥‥‥‥‥‥266
　　②　未来の想像‥‥‥‥‥‥‥‥‥‥‥‥‥‥‥‥‥‥267
　　③　人材像の整理‥‥‥‥‥‥‥‥‥‥‥‥‥‥‥‥‥268
　　④　選択肢の拡大‥‥‥‥‥‥‥‥‥‥‥‥‥‥‥‥‥269
　　⑤　既存人材と新規人材の関係構築‥‥‥‥‥‥‥‥‥270
　　　⑴　既存事業に配属するトップの採用難易度　／270
　　　⑵　起こり得るエラーと対処法　／271
　　⑥　その他‥‥‥‥‥‥‥‥‥‥‥‥‥‥‥‥‥‥‥‥273

第4節　大量採用のポイント‥‥‥‥‥‥‥‥‥‥‥‥‥274

　　①　採用計画の策定と改善‥‥‥‥‥‥‥‥‥‥‥‥‥274
　　　⑴　KPI設計　／275
　　　⑵　週次の予実管理への落とし込み　／275
　　②　スピード対応と負担のバランス調整‥‥‥‥‥‥‥276
　　③　タイムラグの計測と見直し‥‥‥‥‥‥‥‥‥‥‥278
　　④　応募管理リスト‥‥‥‥‥‥‥‥‥‥‥‥‥‥‥‥279

第5節　外国人採用のポイント‥‥‥‥‥‥‥‥‥‥‥280
第6節　リファラル・出戻り‥‥‥‥‥‥‥‥‥‥‥‥281

13

| | 1 | リファラル採用のポイント・・・・・・・・・・・・・・・・・・・・・・・・・281 |
| | 2 | 出戻り採用（アルムナイ採用）のポイント・・・・・・・・・・・・・・・283 |

■ 第8章　社内採用体制の整備 ・・・・・・・・・・・・285

第1節　採用担当に向いている人 ・・・・・・・・・・・・287
　　1　普段の仕事と採用活動の違い・・・・・・・・・・・・・・・・・・・・・・287
　　　(1)　目的の明確化から実行における担当範囲　／288
　　　(2)　業務の性質　／289
　　2　採用担当者に求められる力・・・・・・・・・・・・・・・・・・・・・・・290
　　3　採用が成功した担当者コンビのパターン・・・・・・・・・・・・・291
　　4　専任と兼務の判断基準・・・・・・・・・・・・・・・・・・・・・・・・・・292

第2節　採用主担当がいない中小企業におすすめする
　　　　採用チームの組立て方・・・・・・・・・・・・・・・・・・・・294
　　1　外部ノウハウの活用・・・・・・・・・・・・・・・・・・・・・・・・・・・294
　　2　採用を学ぶべき人・・・・・・・・・・・・・・・・・・・・・・・・・・・・295

■ 第9章　企業力に頼らない採用成功事例集 ・・・・・・297

第1節　事例①著者（採用プロ）による成功事例 ・・・・・・・・・299
第2節　事例②採用ブランディング ・・・・・・・・・・・・・・304
　　1　株式会社Fan様 ・・・・・・・・・・・・・・・・・・・・・・・・・・・305
　　2　株式会社大崎製作所様・・・・・・・・・・・・・・・・・・・・・・・・308
　　3　有限会社新生工業様・・・・・・・・・・・・・・・・・・・・・・・・・310
　　4　株式会社エフワイ様・・・・・・・・・・・・・・・・・・・・・・・・・311
　　5　株式会社青山様・・・・・・・・・・・・・・・・・・・・・・・・・・・・312

番外編 －採用支援をサービスとして行いたい方に向けて－

■ 第10章 採用支援サービスの解説 ·················315

第1節 採用支援サービスを始めてみませんか？ ··········317
1 採用支援サービスの対応領域·················317
2 サービス種別ごとの価格帯·················318

第2節 具体編：具体的にサービスを始める方法 ··········319
1 採用代行サービスの組合せパターン·················319
2 商品設計の考え方·················321
3 集客方法のコツと手法·················322
4 支援体制の組み立て方·················324
5 その他：集客するための裏技·················325

■ 最終章 今後の採用市場 ·················327

最終節 未来に向けての採用·················329

はじめに
－採用できる会社と採用できない会社の違い－

序章

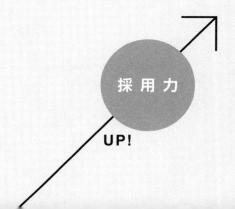

第1節

採用の世界へようこそ

1 この本を読むべき人

結論から、ズバリ言います。採用を成功させたい中小企業の経営者や採用担当者は、求人広告やスカウトサービスなどの営業マンに乗せられて無駄なお金を払ってしまう前に、この本を読んでください。

近年は労働者人口が減り、採用力の強化はどの会社でも死活問題です。社員が高齢化し、世代交代が進まず、先行きが不透明になる企業が増加しています。採用力の低迷＝経営への直接的な悪影響となってきています。

- 例えば建設業では、目の前に仕事があるにもかかわらず、人員不足で対応できず機会損失を起こす
  → 新しいメンバーが入らず組織が停滞し、1人の離職のダメージが大きくなる
- 例えば製造業では、人員不足により稼働率を下げざるを得なくなる
  → 生産体制が安定しないので価格競争力も弱くなる
- 例えばサービス業では、人員不足により休業せざるを得なくなる
  → 採用コストで利益が食い潰されていく
- 例えば福祉事業では、人員不足により現社員の負担が大きくなる
  → その結果離職するという悪循環が発生する

現代では経営力の重要要素の1つとして、採用力が必要となってい

るのです。だからこそ、経営者の方々は「わらにもすがる思い」で、採用ツールや採用サイトなどに数十万円〜数百万円を投資するのでしょう。しかし、「多額の資金を投じたにもかかわらず、まったく採用できなかった」という相談を数多くいただきます。

　なぜそのような事態が起きてしまうのでしょうか。

2 採用成功率97%の秘訣

　100社以上を採用成功に導いてきた筆者からすると、「何のツールやサービスを使うか」はさほど重要なことではありません。採用関連のツールやサービスはあくまでも手段の選択肢であって、最も重要なのは「戦略」だからです。

　実際、筆者の採用支援では求人広告を売っているわけでも、人材紹介を行っているわけでもありません。そのようななかでも過去3年間で100社以上の採用戦略を整え、結果として採用成功率は97％にものぼっています。次表は、その成功事例の一部です。

株式会社クリーン・システム様	当時年間休日85日で若手採用がまったくできていなかったが、無料ツールのみで5か月で5名採用
株式会社乾光精機製作所様	人口1万人の地方で例年新卒採用1〜2名が続いていたが、毎年6名〜10名採用できる仕組みを構築
株式会社ケヤキ福祉様	半年で保育・福祉・看護の有資格者を4名採用し、採用コストを半減しながら採用成功率も大幅改善
株式会社オガワエコノス様	無料ツールのみで1年で7名を採用し、全国3拠点でいつでも欲しい人材を採用できる体制を構築
株式会社小松総合印刷様	本業の印刷・編集・営業のみならず、新規の福祉事業の立上げで全職種を採用
某鉄骨製作会社様	無料ツールのみで2か月で採用人数が充足し、かつ無料でいつでも若手を採用できる仕組みを構築

　いずれも戦略を丁寧に練り、戦略に沿って採用業務を淡々と進めた結果です。「これを使えば採用できる」といった、ウルトラCの方法はありません。

　本書は人材関連の様々な会社を経験した採用のプロ12名が結集し、採用に関する基礎知識から実践的なノウハウまでをまとめた1冊と

序　章　7

なっています。繰り返しとなりますが、中小企業の経営者や採用担当者のみなさん、求人広告やスカウトサービスなどにお金を払ってしまう前に、まずはこの本を読んでみてください。

第2節

採用失敗あるある1～24

　これまで中小企業の採用支援に多数携わってきましたが、採用に失敗する企業には共通点があることがわかりました。今回は代表的な採用失敗あるあるを24個紹介します。自分たちに当てはまるところはないか、1つずつチェックしていきましょう。

　もし当てはまる項目があったら、「自分たちも失敗のパターンに入ってしまっているかもな」と認識を改め、「どのようにしたら成功するか」と考え方を変えるきっかけにしてみてください。

1　面接者が見極めしかしない

2　自社で働く魅力が語れない

3　採用の主担当者・決裁者・主導者がいない

4　求人広告や採用サイトにお金をかけたが、反応がない

5　手は尽くしていると思っている

6　流行りのSNSに着手したが、うまくいかない

7　ハローワークしか使ったことがなく、次の手がわからず媒体
　　選定もできない

8　人材紹介会社から紹介が来ないor質が悪い

9　内定を出したのに親ブロック・妻（夫）ブロックにあう

10　入社してもすぐに辞めてしまう

11　求人のハードルが高すぎる

12　採用担当と現場の決裁者で人物像の認識が一致していない

13　求人を出してから一度も改善していない

14　採用が現場任せ・担当者任せになっている

15　採用ターゲットと初期教育が連動していない

16　「応募＝志望度が高い」と勘違いしている

17　競合を知らない・調べていない状態で採用活動を進めている

18　採用が成功しない理由を他責にしている

19　求人情報が業務説明書のようになっている

20　写真が魅力的ではない

21　新卒と中途の求人内容に差がない

22　意味のない書類選考や事前郵送を定めている

23　採用目標や計画を立てていない

24　給与が低いせいで採用できないと思い込んでいる

1　面接者が見極めしかしない

　昨今の採用市場は求職者(仕事を探している人)が少なく、求人を出している企業が多い、いわゆる売り手市場です。つまり求職者側が優位な状況です。応募が来たからといって、必ずしもそこが一番入りたい会社というわけではありません。

　それにもかかわらず、面接者側が一方的に質問する「見極め」だけでは、自社の魅力を伝える機会を失います。結果として自社の魅力を伝える「惹きつけ」が足りず、採用に至らないケースも少なくありません。

　面接時には「見極め」だけでなく、「惹きつけ」の要素も盛り込めるように、質問や内容を考えてみましょう。

2 自社で働く魅力が語れない

　求職者から「御社の魅力はどんなところですか」と尋ねられたとき、どのように答えていますか。「うーん、なんでしょう」となるようでは、求職者にも会社の強みは到底アピールできません。自社で働きたいと思えるような魅力を語れないと、求職者は他の会社に流れてしまいます。

　面接を担当するあなたが、自身の経験をもとに自身の言葉で自社の魅力を語れることが大切です。改めて考えてみてください。

3　採用の主担当者・決裁者・主導者がいない

　リソースの面で仕方がない部分でもありますが、採用の主担当者・決裁者・主導者がいないのも採用失敗あるあるの1つです。
　一般的に50人未満規模の企業であれば、社長や役員が通常業務のかたわら、採用活動を進めるケースが多く見られます。配偶者や子どもなどの親族が自社の業務に携わっている場合は、その方々が対応しているところもあります。あるいは、事業部の部長などが、日々の業務で忙しいなかで採用担当を兼務しているパターンもあるでしょう。
　50人以上規模の企業になってくると、労務や総務の担当者など事務スタッフが兼任するケースが多くなります。100人超の規模になって初めて、採用専任者を配置する企業が増えてきます。ただし、専任の担当者はいるものの経験があまりないために、なかなか採用が進まないケースも多いのが現状です。

4　求人広告や求人サイトにお金をかけたが、反応がない

　求人広告や採用サイトにお金をかけたのに、反応がないというのも、よく発生する失敗あるあるです。
　求人広告で思うような成果が上がらないのには以下のような理由があります。

- 募集している職種と相性が悪い採用媒体に出稿している
- 募集している職種の人口が少ない地域に出稿している
- お金をかけて露出は増えたものの、求人情報に魅力を感じにくい
- そもそも求人広告に、募集している職種の求職者が登録をしていない　など

　また、「お金をかけて採用サイトを作ったから、応募がくるはず」と決めつけてしまうのも要注意です。

もちろん、先輩社員のインタビュー記事を載せるなど、採用サイトを作り込み、ブランディングを進めることは大切です。しかし、応募が来ない状況で、優先的に手を付けるところではありません。転職する際、初手で企業の採用サイトを見る求職者はほとんどいないためです。せっかく採用サイトを公開しても、見に来る人がいなければ多大なお金をかけて作る意味がありません。なかには採用サイト制作を売り込む会社もありますが、鵜呑みにしないようにしましょう。サイトを作るだけでは、誰も見てくれません。

　つまり、採用は「お金をかければ、かけるほどよい」というものでもないのです。

5　手は尽くしていると思っている

　「あれもやったし、これもやったし……全部やったんだけど、うまくいかないんです」と言うわりに、採用活動を支援している側から見ると、実は「言うほどできていない」というパターンも多くあります。
　人材領域に詳しい（という雰囲気の）採用担当がいる。あるいは、すでに採用コンサルや採用代行業者を使っている会社は「やることはやっているんですけど」とよく話します。しかし、筆者から見ると穴だらけでやるべきことが見えてないか、見えていてもやっていないケースが大多数です。
　この本を参考に、初心に帰って気持ち新たに取り組んでみましょう。

6　流行りのSNSに着手したが、うまくいかない

　地方ではまだ少ないものの、都心ではSNSを通じた採用が流行しています。
- YouTube
- TikTok
- Instagram　など

　ただし、採用サイトと同様に、応募が来ない状況で優先的に着手する手法ではありません。

　もちろん、いずれは採用活動におけるSNSの重要性が増していく可能性はあります。外食するときに食べログやホットペッパーではなく、Instagramで調べるようになった流れと同じです。それでも、求職者はまだまだ従来の方法で就職活動をするのが一般的です。
- 人材紹介会社への登録
- ハローワークへの相談
- 求人広告の閲覧

　採用活動がうまくいかないからといって、わらをもすがる思いでSNS採用に着手しても効果は得られにくいでしょう。優先順位を考えましょう。

7　ハローワークしか使ったことがなく、次の手がわからず媒体選定もできない

「6　流行りのSNSに着手したが、うまくいかない」とは逆に、ハローワークのみ使っている場合も失敗しやすくなります。よくあるのが、「現状ハローワークだけ使っていて、求人広告の営業は来るけれど、何をしてよいかわからない」と、二の足を踏むパターンです。

　もちろん、市場に求人が露出していない分、出稿すれば意外と採用できる可能性もあります。しかし、一歩目で失敗するとトラウマになり、採用活動が鈍化するケースも少なくありません。

　媒体の種類は多様なため、「それぞれの違いや、選定・使い分けのポイントがわからない」と悩む方も多いでしょう。迷っているうちに、社長など採用担当を兼務している方が忙しくなり、後回しになるケースも多いでしょう。

　本書を読んで各媒体の特徴を理解し、ハローワーク以外の媒体選定もできるようにしていきましょう。

8　人材紹介会社から紹介が来ない or 質が悪い

　「35％の紹介手数料を払ってでも来てほしいと思って、人材紹介会社に頼んでいるものの、なかなか紹介が来ない、質が悪い」というのも、採用失敗あるあるの1つです。
　「1　面接者が見極めしかしない」でも紹介したように、近年の採用市場は売り手優位です。登録している求職者よりも求人数のほうが多いため、人材紹介会社が紹介先の企業を選ぶ立場になっています。
　そのため、企業側は単に紹介を待つのではなく、「どうしたら良い人を紹介してもらえるか」「紹介してもらえる数を増やせるか」を考えて行動する必要があります。この方法についても本書で解説します。

9　内定を出したのに親ブロック・妻（夫）ブロックにあう

　内定後に失敗するパターンとして、本人は入社意欲があるにもかかわらず、親や妻（夫）など家族に止められたというものもあります。
　例えば、地方の高卒者は実家暮らしも多く、親が子の就職に口を出すケースも少なくありません。「勤続年数は長いほどよい」という価値観を持つ親族や「転勤は嫌だ」という妻（夫）が転職を止める場合もあります。せっかく本人が勇気を振り絞って転職しようと思っても、それを阻む人々が周りにいるのです。
　もちろん、必ずしも転職するだけが幸せではなく、本人のために留まったほうがよいケースもあります。とはいえ、企業側からすると「優秀な人が来るはずだったのに……」ともったいなく感じるパターンです。企業は親や配偶者に安心してもらうための情報提供をする必要があるのです。

10　入社してもすぐに辞めてしまう

　入社後すぐに辞めてしまう原因は、人によって様々です。
- 業務内容や会社の雰囲気が思っていたのと違った
- 上司や先輩と合わない
- 働き方が合わない
- 給料が思っていたより低かった
- 教育やサポートがなかった　など

このようなミスマッチが起きる原因として、求人広告に実際よりも良くみせようとメリットしか書いていないということがよくあります。
- ホワイト企業のように見せる
- 人間関係が良いように見せる
- やりがいがとてもあるように見せる
- 残業が少なく、休日も多いように見せる　など

　そのため、会社の魅力も大変なところも正直に書いたうえで、「この会社で働きたい」と思ってくれるような人を採用することが大切です。

11　求人のハードルが高すぎる

　求める人材像の理想が高すぎると、応募者の母数が極端に少なくなり、採用の失敗につながります。
　実際、以下のように、欲しい人材の条件をたくさん詰め込んで求人募集してしまうケースも少なくありません。しかし、求職者からすると、採用条件の羅列は「入社後に苦労しそう」「自分には合わない」「応募しても落選してしまう」と感じる要因となります。結果的に、応募自体を避けてしまうのです。
- 募集する職種の業務経験がある
- コミュニケーション能力が高い
- 主体性、自主性、責任感が強い
- チャレンジ精神がある
- 自ら学び常に成長する　など

　このような事態を避けるためには、自社が求めている最低限必要なスキルや経験は何かをしっかり検討したうえで、求める人材の幅を定義することが大切です。欲しい人材像を明確にできれば、求人のハードルは適正化され、求人への応募数が増えていくでしょう。

22　はじめに－採用できる会社と採用できない会社の違い－

12 採用担当と現場の決裁者で人物像の認識が一致していない

　採用担当と現場の決裁者の間で求める人材像の認識が不一致であることも、採用失敗あるあるの1つです。以下のような状況があると、ミスマッチが起きて、早期離職につながるためです。
- 現場が求める人材像が統一されていない
- 現場の意見が採用担当に届いていない

　例えば、社長は「経験者がいたほうが現場にとってはいいのでは」と考えているけれど、現場は「経験者よりも素直な未経験者を育てたい」と考えているという不一致が起きることがありますし、その逆もあります。採用担当からすると「結局どういう人が欲しいんだろう？」と迷うことになりますし、「経験者が欲しいといわれても、なかなか難しいんだよな…」と悩んでしまうことにもなるでしょう。

　このような事態を避けるためには、採用担当と現場の決裁者で求める人材像を入念にすり合わせることです。必要なスキルセットや人物像をテキスト化し、第三者が見ても理解できるレベルにまで具体化するとよいでしょう。

13　求人を出してから一度も改善していない

　求人を出してから、求人情報を一度も改善していない状況も、採用の失敗につながります。採用活動ではIndeedやマイナビといった媒体のほか、自社のホームページなど社内外に求人情報を掲載します。しかし、掲載から一度も手を付けずに丸1年が経過していた、長いと数年も放置されていたというケースも少なくありません。

　例えば、営業の仕事だったら、1年間売れない商品を売り続けますか？　売れない商談資料を使い続けますか？　おそらく途中で「これは売れないから改善しよう」となるはずです。一方で求人情報については、応募がなく、採用できなくても、内容を変えずに放置してしまうことが多々あるのです。

　ハローワークで公開する求人の紹介期限がいつの間にか切れている企業もよくみかけますし、ホームページの求人情報が数年前から更新されていない企業も見受けられます。

　求職者からしても古い情報のままだと、「この会社は募集しているんだろうか？」と躊躇してしまうこともあります。

　求人媒体、ホームページ等の求人情報の定期的な見直しは必須です。

14　採用が現場任せ・担当者任せになっている

　採用が現場任せ・担当者任せになっている状態も、失敗しやすい原因の1つです。そもそも、採用の本質的なゴールは「入社した方が自社で活躍し、かつ定着すること」にあります。応募が発生する、あるいは入社するだけでは、採用のゴールとはいえません。

　採用を成功させるためには現場や人事はもちろん、経営陣も含めて会社が一丸とならなければなりません。具体的には自社の経営戦略に沿って、以下のような内容を1つずつすり合わせることが大切です。

- 数年後にどのような組織にしたいのか
- その組織ではどのような方が活躍するのか
- どのような方がマッチしやすいか

　会社として欲しい人材像を明確にしたうえで、募集や面接など種々の採用活動を進めていきましょう。

15　採用ターゲットと初期教育が連動していない

　採用ターゲットと初期教育が連動していないと、新卒者はもちろん、中途採用者であっても定着せず早期離職となる可能性があります。
　よくある例が、「未経験者OK！イチから育てます」とうたっているわりに、初期教育が不十分、あるいは確立されていないというケースです。このような会社では結局、入社直後から教育を現場へ丸投げし、現場も何を教えたらよいかわからず、入社した方のやる気に頼ってしまう状況になりかねません。
　未経験者を採用するなら、まずは何に不安を感じているかを理解したうえで、研修などの教育体制を構築することが大切です。同僚や先輩など横のつながりを作る機会や、日常的にフォローしていく体制も必要になってくるでしょう。
　また、即戦力として期待する方や管理職を採用する場合も、まずは「会社に馴染む」という工程が重要になります。例えば、以下のような機会や制度を設けるのがおすすめです。
　　●各部署を見学する機会の提供
　　●勉強会の実施
　　●懇親会の開催
　　●メンター制度の導入　など
　自社を選んでくれた方が活躍する機会を逃すことのないよう、採用活動とともに教育体制の整備も同時に進めましょう。

16 「応募＝志望度が高い」と勘違いしている

　「応募＝志望度が高い」と勘違いしたまま応募対応にのぞむのも、採用失敗あるあるです。以前は有効求人倍率があまり高くなく、買い手市場だった分、会社側が入社する方を選べました。しかし、有効求人倍率は年々上がり、売り手市場になっています。つまり、求職者が会社を選ぶ時代です。

　実際、求職者は一度に複数の会社へ応募するのが当たり前で、そこから最終的に1社を選びます。他社より自社を選んでもらうためには、自社の魅力をアピールする動きが以前にも増して必要です。

　「応募＝志望度が高い」という認識のままでは「求職者側から積極的に連絡してくるだろう」「応募者は相当の熱量があるはずだ」とギャップが生じ、あらゆる採用活動が後手に回ってしまいます。大切なのは、「応募＝一定の興味を持っている」程度の認識に改め、求職者の興味関心を引き上げる努力をしていくことです。

　求職者に内定を承諾してもらうまでは、あくまでも「お客様」という立場で接し、応募対応からフォロー活動まで丁寧に対応していきましょう。

17　競合を知らない・調べていない状態で採用活動を進めている

　採用活動も「敵を知らずしては戦えない」にもかかわらず、競合を知らない・調べていないという会社も意外と多いのが実情です。
　前述したように、近年の求職者は一度に複数社へ応募しています。とはいえ、業界や仕事内容が同じで、独自の魅力を感じ取れない求人情報であれば、求職者は以下をはじめとした、目にわかる情報で入社先を比較検討します。

- 給料、休日、福利厚生などの条件
- アピールポイント、会社の強みなどの魅力　など

　給料が低い・休みが少ないといった会社は、その時点で負けてしまうのです。しかし、競合をしっかり調べると、「給料は他社に勝てないけれど、ここを差別化すれば有利に見えるのではないか」といった自社ならではの強みを洗い出せます。その強みを求人情報に反映できれば、求職者に自社の魅力をアピールでき、入社への意欲を高められるでしょう。
　なお、競合の状況は日々変化することを踏まえると、3か月に1回の頻度で調査できるとよいでしょう。「応募が来ない」と嘆いている会社ほど競合調査ができていないため、自社での実施状況について改めて確認しましょう。

18　採用が成功しない理由を他責にしている

　採用活動になかなか力を入れられない会社のなかには、「市場が悪い」「業界が悪い」など、失敗する理由を他責にしがちなところもあります。しかし、市場や業界の状況は自社でコントロールできるものではありません。仮に市場や業界が悪くても、すでに他社で働いている方はたくさんいます。

　つまり、採用の成功・失敗は市場や業界の状況とは関係がなく、やるかやらないかということです。そのため、自分たちができる範囲で採用できるまで改善を進めていくことが重要です。

　例えば「社屋が古いから、求職者に選ばれないのではないか」と考える会社もありますが、皆が外見だけで入社先を選んでいるわけではありません。社屋以前にお金をかけずに見直せる部分がたくさんあるはずなので、コツコツと1つずつ改善を積み重ねていく意識を持ちましょう。

19　求人情報が業務説明書のようになっている

　求人が業務説明書のようになってしまっているのも、採用失敗あるあるの1つです。この背景には、過去のミスマッチを繰り返さないよう求人情報を必要以上に細かく書こうとしたり、マイナス面を払拭しようと文面を大きく変えたりすることがあります。

　ここで思い出してもらいたいのは、求人情報の役割です。求人は、自社に興味を持ってもらい、応募や面接に繋げるためのものです。あくまでも自社の存在を知ってもらい、ありのままの魅力をアピールするツールということです。

　つまり、ミスマッチを払拭するのは、求人情報の役割ではありません。ミスマッチが懸念されるポイントは、面談を通してしっかりと説明し、そのうえで求職者に自社を選んでもらうのがベストといえるでしょう。

20　写真が魅力的ではない

　主要な求人媒体では、数多くの求人が並んでおり、すべての求人を求職者に見てもらえるわけではありません。検索結果の一覧から、求人に興味をもってもらえるよう工夫する必要があり、そのアピールの大きな役割が写真です。

　誰も興味を持たない写真をのせていては、求人を見てもらえません。
　例えば、プロのカメラマンへ依頼するのも1つの方法です。撮影料は少し高いと感じるかもしれませんが、他社との差別化要因になり、その価値は十分あります。また、最近はスマホのカメラ画質が良く、気軽に撮影できるため、撮り方を工夫すればスマホで撮影した写真でも十分です。具体的な方法については、**第4章第3節**の「釣り餌（求人タイトル・写真）」で詳しく解説していますので、ご覧ください。

21　新卒と中途の求人内容に差がない

　新卒採用と中途採用の求人内容が同じだと、どちらの心にも刺さらず、採用は両方とも失敗することがあります。
　例えば、初任給は新卒に合わせて低く記載されるため、中途の方はまず応募しません。また、新卒者にとっては「将来どのような仕事に携われるのか」など、未来におけるキャリア形成の道筋が気になるところです。しかし、中途採用者からすると将来ではなく「今、どのような立場・給料でスタートするのか」「1年〜2年でどれくらい上がるのか」が重要です。
　このように、新卒採用と中途採用では、同じキャリア形成とはいっても、重要視する点が異なります。そのため、それぞれが知りたい内容に合わせて求人情報をまとめ、求人掲載も別々にすることが大切です。求人募集の過程で自社のホームページに掲載する際も、新卒採用と中途採用をしっかり分けましょう。

22　意味のない書類選考や事前郵送を定めている

　意味のない書類選考や事前郵送も、意外と多い採用失敗あるあるです。書類選考を行う背景には、「自社が求めている方を効率的に見つけたい」という意図があります。しかし、前述したように求職者は一度に複数社へ応募している分、書類の事前郵送は心理的ハードルが高くなります。「絶対にこの会社の面接を受けたい」という動機づけがない限りは、応募にすら至りません。

　大切なのは書類選考や事前郵送の前に、面談や説明会などで「実際に会って話をすること」です。求職者に選んでもらえるような情報を対話の中で伝えられれば、動機づけを促せます。書類選考のあとに面談・説明会を実施している場合は、順番を入れ替えるか、書類の当日持参を検討してみてください。

23 採用目標や計画を立てていない

採用目標や計画を立てず、感覚的に採用活動を進めるのも失敗する要因です。よくあるのが、「人手が足りないから、今すぐ採用しなくては」とやみくもに走り出してしまうケースです。結果として人員を確保できても、再現性がないために採用の成功は続きません。このような事態を避けるためには、以下のような具体的な目標を定めることが大切です。

- 入社時期、求める人材像、最低基準
- 採用人数、必要応募数、必要閲覧数　など

目標はなるべく数字を用いて表し、達成・未達成を目で見てわかるようにしてください。その後、目標を達成するためにはどのような施策が必要か、行動ベースで洗い出しましょう。

24 給与が低いせいで採用できないと思い込んでいる

「給与が低いから、うちでは良い人材を採用できないのではないか」と話す社長もいます。しかし、給与の低さは必ずしも採用の成否を左右するものではありません。今、自社で働いている方がいる時点で、給与以外の魅力が必ずあります。

給与だけを改善しても、結局はお金を重視する人しか入社しません。より良い給与条件の会社を見つければ流れてしまい、定着にも悪影響を与えます。

採用活動を進める際は、給与以外に自社の魅力や強みを見つけ、求人票へ落とし込んでいくようにしましょう。

第3節

採用できる会社の特徴1〜10

　今度は、筆者たちが相談を受けた、あるいは支援しているなかで「ここはうまく採用ができているな」「採用ができるようになったな」と感じる会社の特徴を紹介します。

1　採用は簡単だと思っていない（ウルトラCはない）
2　経営者が「採用コスト」を「投資」と考えている
3　経営層や幹部層が積極的に採用に関わっている
4　採用活動を実行できる人がいる
5　社長や幹部の人柄に魅力がある
6　1人ではなく、会社として取り組む
7　採用ハードルは下げるが、妥協はしない
8　人材関連の定期的なミーティングがある
9　意思決定のスピードが速い
10　採用の仕事が面白い・楽しいと思えている

1　採用は簡単だと思っていない（ウルトラCはない）

　採用がうまくいく会社の共通点として、「採用は簡単だ」と思っていない点が挙げられます。採用に失敗しやすい会社は、「どこかにお金をかければ、採用できる」と思いがちです。

　しかし、本当に成功する会社は、ウルトラCの手法はないと知っています。「自分たちで試行錯誤することが大切だ」ときちんと理解している点は、採用がうまくいく会社の基本的な特徴といえるでしょう。

2 経営者が「採用コスト」を「投資」と考えている

　採用がうまくいく会社の経営者は、採用にかかる費用をコストではなく投資と考え、適切なお金のかけ方ができています。多くの方は、お金をかけて採用活動を進めることに躊躇しがちです。ハローワークで求人を出せばすぐに応募があり、低コストで採用できていた昔の名残が残っているためです。

　しかし、採用を通じて人員を確保できれば、受注数や売上が上がります。つまり、採用がうまくいく会社の経営者は、「採用は先行投資であり、成功すれば収益で回収できる」と理解できているのです。

　もちろん、投資であるからには100％のリターンを確実に得られるというわけではありません。筆者としては「５つの施策を実行したら、３つほど当たればよい」という感覚です。全体を俯瞰して見たときに成功していればよいという心構えで、複数の採用施策にお金をかけられている会社は採用がうまくいきやすい傾向にあります。

3　経営層や幹部層が積極的に採用に関わっている

　採用がうまくいく会社では、事務や現場へ採用業務を丸投げせず、経営層や幹部層が積極的に関わっている点も特徴です。大規模企業だと役割分担をする必要はでてきますが、中小企業は事務や現場に丸投げしてしまうと、採用業務が事務的になったり、企業の魅力が伝えきれなかったりと、上手くいかないケースが多いものです。

　経営層や幹部層が採用にしっかり関わることで、面接で惹きつけしやすくなり、各工程の意思決定も早まります。採用活動は企業の根幹となる業務と捉え、経営層や幹部層も含め、会社が一体となって取り組めると成功しやすくなるでしょう。

4　採用活動を実行できる人がいる

　採用活動には様々な実務がともなうため、物理的なリソースが必要です。基本的に、年間20人程度の正社員を採用するならば、採用活動に携わる専任の人員が1人は必要だといわれています。
　年間を通して5人〜10人の採用を目指す場合は、専任でなくても採用活動に注力できる担当者の配置が理想的です。より多くの人員を確保したい場合は、採用担当者のリソースを確保することが先決といえるでしょう。
　どういった人材が採用担当者に向いているかは**第8章**で解説していますのでご覧ください。

5　社長や幹部社員の人柄に魅力がある

　社長や幹部、社員の人柄が良く、魅力的である点も、採用がうまくいく会社に共通する特徴です。求職者は社長や上司となる幹部をはじめ、社内の人間がどのような人なのかを見ています。会社を辞める理由として、人間関係を挙げる方が非常に多いことからも、人員の定着を含めた採用の成否に、社内の人間の人柄は大きく影響しているといえます。

　逆にいうと、仕事内容や給与面で他社との差別化が難しくても、社長や幹部、社員の人柄が良い点が採用を成功させているケースもあります。面接などで求職者と接する役割を担う幹部や社員は、求職者に会社の魅力を伝える力を高めると同時に、本人の人間力を高める意識が欠かせないでしょう。

6　1人ではなく、会社として取り組む

　採用活動に失敗してしまう会社では、社長が全部担う、あるいは採用担当者だけが一生懸命になっているということがよくあります。しかし、そのような状況は非効率なうえ、思うような結果を得られず挫折してしまいます。
　「**3　経営層や幹部層が積極的に採用に関わっている**」でも触れたとおり、採用活動を成功させている会社は、社長や採用担当者だけが頑張っているわけではありません。1人で何とかしようとせず、会社全体が一体となって取り組むことが大切です。
　特に若手の採用には若い先輩がリクルーターとして関わることも重要になります。

7　採用ハードルは下げるが、妥協はしない

その7

採用ハードルは下げるが、妥協はしない
（その人が2年間定着するか）

　採用ハードルを下げても妥協はしないという点も、採用がうまくいく会社の共通点です。売り手市場の現代では、求める人材像の理想が高いとなかなか応募は来ません。とはいえ、妥協してしまえば、定着率が悪化したり、社内の雰囲気に悪影響を与えたりする可能性が高まります。例えば、「自社と合わずに早く辞めてしまうかもしれないけれど、とりあえず入れておこう」と目先の採用数を意識しすぎると、結果として早期退職が増えてしまいます。

　応募者を見極めるポイントの1つは、「自社に2年間定着しそうかどうか」です。もう少し長く勤めてもらいたいと思うところでしょうが、転職が当たり前になった昨今では先の予測はできないので、まずは2年続きそうかどうかを目安に判断してみてください。

　「入社した人材が活躍する」という真の意味で採用を成功させるためにも、採用ハードルは下げつつも妥協はしないという心持ちは大切です。

8　人材関連の定期的なミーティングがある

　採用がうまくいく会社では、採用会議やリクルートプロジェクトなどの形で、人材関連の定期的なミーティングがあります。
　このような検討の場では、採用の予定や定着に関する課題が話し合われ、解決あるいは意志決定が適宜行われます。結果として深刻な人員不足へ陥る前に先手を打ち、将来を見越した採用活動ができるのです。
　また、社内へ人材確保や採用に関して意識づけにもつながります。採用は会社で取り組む時代、こういった社内プロジェクトの存在も重要といえるでしょう。

9　意思決定のスピードが速い

　採用がうまくいく会社では、機会損失が起きないよう、社長や事業責任者が採用活動に向き合える時間を確保して早い意思決定を実現しています。20人～30人規模の小さな会社では、社長が現場につきっきりで連絡がつきにくいなど、忙しすぎるケースが多いものです。すると以下のような事態が起きて、せっかくの採用チャンスを逃してしまいます。
- 求人媒体への登録が先延ばしになる
- 人材紹介会社への返答が遅れてしまう
- 応募が来たものの、面接調整に手間取ってしまう　など

　採用が成功している会社は、たとえ300人～400人規模の企業でも、社長や事業責任者が採用プロジェクトミーティングに参加していることも多く、その場で判断ができています。社長や事業責任者自らが、人材確保の課題を理解して意思決定できる環境を整えることも、採用成功に不可欠といえるでしょう。

序章　45

10　採用の仕事が面白い・楽しいと思えている

　採用の仕事が「面白い」「楽しい」と思えている点も、採用がうまくいく会社の特徴です。例えば、筆者は「どのような書き方をすれば、ターゲット像の心に響くかな」「どんな写真なら仕事の魅力が伝わるかな」と考えながら、求人原稿作成や写真撮影をするのが楽しいと感じます。また、実際に採用・定着につながれば、面白さを感じると同時に喜ばしい気持ちになります。

　逆に、「どうせ採用できない…」と悲観的な気持ちばかりが先行すると、その雰囲気は求職者に伝わってしまい、採用は成功しにくいでしょう。

- うちの会社は魅力的だからぜひ入社してほしい
- ねらい通りの人材が採用できて楽しい
- 会社も、入社した方も喜んでくれて、うれしい　など

「5　社長や幹部の人柄に魅力がある」にも通じますが、楽しく仕事をしている人には惹きつけられるものがあります。採用活動も同様に、前向きな気持ちで取り組むことも大切です。

基本の考え方編

－採用成功のための土台作り－

第 **1** 章

あなたの会社が 必ず採用できるように なる理由

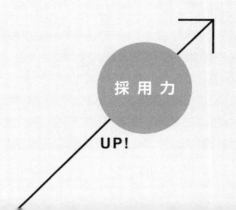

第1節

なぜ"必ず"と言い切れるのか

1 どのような会社でも採用が成功するのか

失敗事例に当てはまるから、うちの会社は採用できない、、、

と思っているあなた！！

　24個の採用失敗あるあるを見て、「うちに当てはまるところもあったな」と感じる方もいれば、「意外とできているほうかも」と思う方もいるでしょう。いずれにしても採用に困っているということは、何かしらの課題を抱えている点に相違ありません。しかし、どんな会社でも工夫次第で、必ず採用は成功すると断言できます。

　筆者自身、これまで100社以上の採用支援に携わっていますが、3社を除けば「採用できなかった」という経験はありません。契約期間中に採用できなかった3社には悔しさと申し訳なさを感じていますが、その経験を活かして満足度が非常に高い結果を出し続けています。

　このように採用に成功する要因は、実は「求人広告を出したから」「使った媒体が良かったから」といった点とは異なるところにあります。企業の採用条件や知名度に左右されるものでもありません。ここでは、実際にどのような会社の採用支援に携わったのか、5つの会社の事例をピックアップして紹介します。

第1章　あなたの会社が必ず採用できるようになる理由　51

2　採用支援の成功事例

（1）　A社

　A社は、人口約4,700人の長野県小海町にある戸建施工事業の会社です。「20代の若手で大工になりたい人を3名採用したい」という希望がありました。
　A社がある小海町は、そもそも若者が数百人しかいないところです。しかし、採用支援を通して無事に目標数の3名を確保できました。筆者が支援から離れたあとも、学んだ採用プロセスを活かして、新卒者の獲得も始めているようです。

（2）　B社

　B社は石川県金沢市にあり、従業員数約100名を抱える開発系エンジニアの会社です。採用の希望は「新卒の理系学生を20名採用したい」というものでした。
　金沢市の人口は約47万人の中核市ですが、新卒採用の難易度が年々上がっている近年では、人口が多いエリアでさえ苦労するものです。しかし、採用支援は無事に成功し、プロジェクトは完了しました。筆者が

52　基本の考え方編－採用成功のための土台作り－

支援から離れたあとも、2023年卒や2024年卒は20名以上、全体で30名以上を採用できているとのことです。

（3）C社

　C社は、福島県の浪江町で建設業を営む会社です。浪江町は人口約1,200人と規模が小さい、海沿いの町です。従業員数は50名ほどですが、人手不足のために「土木・建築施工管理の有資格者を5名採用したい」という希望がありました。

　執筆段階ではまだプロジェクトの途中ですが、すでに8名以上の採用が決まっています。特別目新しい手法に取り組んでいるわけではなく、この本に書かれていることを地道に実践した結果です。

（4）D社

　D社は広島県尾道市にある、鉄加工事業を営む会社です。尾道市の人口は約14万人であり、観光と工業が盛んな地域となっています。

　D社からは、「やる気のある若手を2名採用したい」という希望がありました。「年間休日104日」「基本給18万円」であり、毎日の残業は3時間にも及びます。鉄の匂いが漂うなか1日中単純作業に取り組み、体も汚れる仕事です。

　筆者自身、「さすがにこの条件では難しいだろう」と感じていましたが、結果として8名ほどの応募を集めて無事に3名採用できました。無料の媒体を使い、コストを抑えながら採用成功に至った例の1つとなりました。

（5）E社

　E社は宮城県仙台市にある、タクシー会社です。仙台市の人口は約108万人で東北地方の中枢都市であると同時に、観光客も増えており、

第1章　あなたの会社が必ず採用できるようになる理由　53

タクシーの需要が非常に高い地域です。その反面、運転手のなり手はそれほど増えてはいません。

　タクシー運転手は近年、アプリなどを活用しながらフットワーク軽く動けると、土地勘がなくても働けるようになりました。実際、筆者が大阪でタクシーを利用した際は、田舎から出てきたという若者が月100万円を稼ぎ、「次は150万円に到達するのが目標」と言っていたくらいです。仙台市はタクシー会社が多いわりに、若者のタクシードライバーへの認知度が低いという現状がありました。

　E社は従業員100名ほどの老舗タクシー企業。古いタクシー車両もあり、給与もそれほど高いわけではありませんでした。しかし、タクシーの需要が増えて空き車もあることから、「運転手を最低でも2名採用したい、採用できるなら上限なく採用したい」という希望がありました。半年間のプロジェクトで20名の採用が決まり、プロジェクト終了後も追加で20名採用され、1年間で40名増員できたそうです。「プロジェクト後もこんなに採用できる体制を作ってくださり、ありがとうございます！」ととても喜ばれています。

54　基本の考え方編－採用成功のための土台作り－

3 労働条件が他社より厳しい会社でも採用が成功する理由

労働条件が他社より厳しい会社でも採用に成功する理由は、以下の3つです。

（1）今の条件でもやりがいをもって働いている人がすでにいるため
（2）「採用力＝企業力」ではないため
（3）強みがない会社はないため

それぞれ詳しく見ていきましょう。

（1）今の条件でもやりがいをもって働いている人がすでにいるため

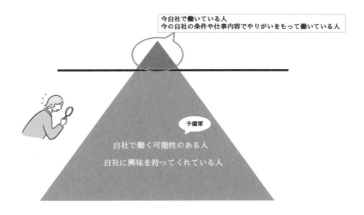

「2　採用支援の成功事例」で紹介した会社のように、労働条件が他社より厳しい会社でも採用できる理由は、「今の条件でやりがいをもって働いている人がすでにいるため」です。それは同時に、その条件で働く可能性がある人たちもいるということを指します。

今活躍されている方々は、他に転職する選択肢もあるはずです。では、なぜ自社で働き続けているのでしょうか。その背景には、「他の会社にはない、自社ならではの良さを知っている」ことがあります。つまり、採用活動は言い換えると、「『自社ならではの良さ』を、知らない人に届ける」という行動なのです。

　本書をきっかけに、「自社ならではの良さ」を改めて考えてみていただけると幸いです。

（2）「採用力＝企業力」ではないため

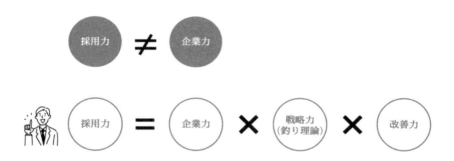

　「採用力＝企業力×戦略力（釣り理論）×改善力」

　採用活動におけるよくある間違いは、「採用力＝企業力」と考え、「うちは知名度がないから…」「うちは給与が低いから…」と諦めてしまうことです。もちろん働く人のために、改善に向けて努力することは大切です。しかし、先ほどの事例でもわかるとおり、それらの改善が採用力に直結するとは限りません。

　採用力は、企業力が低かったとしても、戦略力と改善力が高ければ上がります。採用成功につながる方程式については、**基本編第2章**で詳しく解説します。

　企業力が低いからと採用を諦めるのではなく、戦略力や改善力といった「行動でカバーできる部分」「変えられる部分」の力を高め、採用成功につなげていきましょう。

（3）強みがない会社はないため

強みがない会社はない！！

すべての人が働きたいと思う会社はない
すべての人が働きたくないと思う会社もない
どんな会社にも必ず働きたいと思ってくれる人がいる！！

年間休日85日の会社も

月給17万円の会社も

毎日残業3時間の会社も

　一部のブラック企業や法律に反している企業を除けば、全国民が「働きたくない」と思う会社は存在しません。同時に、全国民が「働きたい」と思う会社もありません。求職者それぞれ、希望する就業環境や条件・職場選びの軸に違いがあるためです。

　例えば、有名な大企業で年間休日が140日もあり、残業がゼロという会社でも、「もっと鍛えられたい」と辞める若手もいます。実際、筆者が採用支援をしている会社では、年間休日が85日ですが、50代・60代の従業員だけではなく20代・30代の従業員も6名働いています。給与も高いとはいえませんが、すでに働いている人がいるのは「その会社が他よりも良いところがある」ということの証拠です。

　もちろん、残業を減らし、給料を増やすといった企業努力は惜しまずに進めるべきです。しかし、それらは企業力の一部を上げているだけで、採用力には直結しません。休日の多さをアピールしようと、年間休日85日を105日にしても、130日の会社には勝てません。

　本当に大切なのは、会社の強みがどこにあるのか分析しながら、採用活動の戦略を立てて計画を実行することなのです。

第1章　あなたの会社が必ず採用できるようになる理由　57

第2節

採用力伸びしろ診断

1 採用力の定義

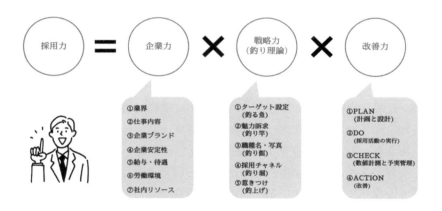

　採用が「うまくいく会社」と「うまくいかない会社」の違いは、採用力を細分化すると見えてきます。ここでは、筆者が定義した方程式「採用力＝企業力×戦略力×改善力」について見ていきましょう。

（1）企業力
（2）戦略力（釣り理論）
（3）改善力

（1）企業力

企業力に含まれるのは、以下の7つです。

- 業界の成長性
- 仕事内容
- 企業ブランド
- 企業安定性
- 給与・待遇
- 労働環境
- 社内リソース

業界自体に伸びがあるか、企業が安定しているかといった将来性は採用にも大きく影響します。業界の動向や、会社として将来性のある分野への取組みがあれば、求人に記載すると効果的です。また、給与・待遇以外の労働環境も重要です。例えば、オフィスワークであれば、清潔な事務所や性能が高いパソコンが好まれます。運送業であれば、トラックや個人専用の車両といった点が訴求ポイントの1つになるでしょう。

企業力は伝え方によって求職者の印象が変わるので、そこも工夫してみましょう。詳しくは**第3章**で解説します。

（2）戦略力（釣り理論）

採用における戦略力に含まれるのは、以下の5つです。

- ● ターゲット設定（釣る魚）
- ● 魅力の訴求（釣り竿）
- ● 職種名・写真（釣り餌）
- ● 採用チャネル（釣り堀）
- ● 惹きつけ（釣り方）

戦略力は、釣りに例えるとよく理解できます。何を釣るかのターゲットによって、適切な竿や餌などが変わってきます。詳しくは**第4章**で解説しますので、あわせてチェックしてみてください。

（3）改善力

採用における改善力に含まれるのは、以下の4つです。

- ● 計画と設計（Plan）
- ● 採用活動の実行（Do）
- ● 数値計測と予実管理（Check）
- ● 改善（Action）

求人は、出して終わりではありません。採用を成功させるには単に戦略を立てるだけでなく、PDCAサイクルが必須です。戦略を求人情報に反映させ、数字をチェックしながら課題を抽出し、改善を繰り返していくことで採用ができるようになるからです。

60　基本の考え方編－採用成功のための土台作り－

2　採用力をチェックする「伸びしろ診断」

　筆者は採用に必要な3つの力をさらに細分化し、採用力をチェックできるシートを作成しました。約50項目のチェックを通じて点数化することで、3つの力のうち自社の弱いところはどこかなど、採用の課題が可視化されます。

　なお、採用の「伸びしろ診断」はブラッシュアップを重ねながら、随時アップデートしています。最新版の診断ツールや解説動画は、下記よりご覧いただけます。無料ですので、ぜひ活用してみてください。

　伸びしろ診断：https://yu-mi.jp/book-tokuten/

第3節

採用市場の変化

　ここでは採用市場が過去どのように変化してきたか、また今現在どのような状況にあるのかを簡単に見ていきましょう。

1　有効求人倍率の変化

1990年前のバブル期	**2000年代（〜2015年）**	**2020年以降コロナ禍前後**
景気が非常に良かったため、有効求人倍率もグッと伸びました。バブル崩壊後は仕事の数が減る一方で求職者が増えたことで、倍率が低くなる黎明期が続きます。	一旦回復しますが、リーマンショックで再度落ち込みました。2011年には東日本大震災が起きましたが、リーマンショックからの立ち直り時期でもあったためか、有効求人倍率への影響は少なく済んでいます。	経済の伸びとともに倍率も上がり、コロナ禍で若干沈んだものの、1倍を下回る状況にはなっていません。コロナ禍では特に飲食業や宿泊業が大打撃を受けましたが、雇用を留めておく施策が様々ありました。また、逆にコロナ禍だからこそ伸びた産業もあったために、有効求人倍率はさほど落ちず、高い状態を維持しています。

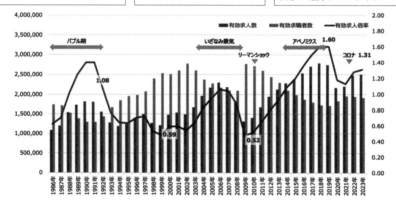

（出典）マネジメントTips「【2024年版】有効求人倍率とは？｜データの読み解き方と転職市場への影響」より
　　　https://www.management.paddle-japan.com/recruiting-1/
　　　上記を参考に著者作成

左図のとおり、有効求人倍率は社会情勢と連動する傾向があります。景気が良くなれば仕事が増え、働く人も必要になります。しかし、人口に大きな変化はありません。そのため、1人の求職者に対して2つの会社が採用しようとしていたところが、3つ〜4つの会社が取り合うようになると倍率が上がり、売り手市場の傾向も強まります。つまり、景気が良いときは、基本的に採用の難易度が上がるのです。

2　採用手法の変化

（1）1960年代〜2020年代の採用手法

1960年	1970年	1980年	1990年	2000年	2010年	2015年	2020年
新聞広告	求人専門誌	特化型求人専門誌	ペーパーメディア	Webポータルサイト	特化型Webポータルサイト	オウンドメディア	SNS・Youtube
	求人情報のみを扱う専門誌が登場	女性専門や技術者専門の特化型の専門誌が登場	地方紙や折込チラシも登場	求人誌のWebサイト化が進む	製造業や技術者専門など特化型のポータルサイトが登場	自社採用HPや特化型検索エンジンを活用した採用活動が主流に	

（出典）HRog「人材業界ざっくり100年史」「ビジュアルで見る求人情報サービス50年史」
　　　をもとに編集、筆者加筆
　　　https://hrog.net/knowledge/map/30446/
　　　https://hrog.net/knowledge/map/28176/

　このように採用市場は時代の流れによって大きく変わるため、企業側も用いる手法を適宜変える必要があります。1960年代は「1社で終身雇用」という価値観が多く、転職者は今より少ない状況でした。

　1970年代には求人の専門誌、1980年代にはさらに特化型の求人誌のほか、1990年代にはペーパーメディアも台頭してきました。2000年代にはWebを利用した採用手法が進出し始め、製造業求人や看護師求人といった特化型のポータルサイトも出てきています。直近10年では、採用サイトや人材紹介のほか、ダイレクトリクルーティングやSNS、YouTubeを利用する採用活動も増えています。

第1章　あなたの会社が必ず採用できるようになる理由　63

このように時代によって変化する採用手法は、導入が早すぎると「投資して終わり」となって失敗しがちです。逆に、遅すぎると時代に付いていけずに採用が進まなくなります。

　「今、何が主流なのか」「その手法の仕組みや流れはどのようになっているのか」をある程度把握する必要があるでしょう。また、ターゲットと手法が合っているかも見極める必要があります。

（2）どのメディアを活用すべき？

　筆者の経験からいうと、必死に営業をしている採用メディアや採用支援会社は、あまりおすすめできません。採用が成功していれば、自然と継続や紹介が増えます。逆に、営業活動を積極的に進めなければならない状況にあるということは、そのメディアや会社の成功率・満足度が低いと推測できます。採用に繋がっていない媒体やメディアの営業担当は、具体的な成功事例を語らない傾向にあるので、同地域同業種の成功例を聞けるとよいでしょう。

　そのような意味では、「知り合いの社長が良いと言っていた」という情報は、意外と説得力があるものです。また、知り合いの会社や採用のプロなど5社ほど話を聞いたとき、2～3社が同じように良い・悪いと言った場合も、信頼できます。採用活動で利用する媒体は広告の情報を把握しつつ、実際に利用してみた方や会社の話も聞くとより判断しやすくなるでしょう。

　具体的な手法の選定は**第4章第4節**をご覧ください。

3　今後の採用市場

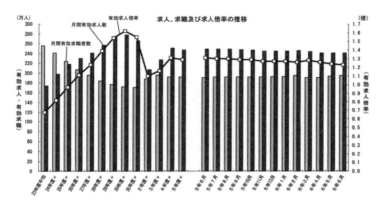

（出典）厚生労働省「一般職業紹介状況（令和6年3月分及び令和5年度分）について【報道発表資料】」より
https://www.mhlw.go.jp/content/11602000/001249393.pdf

　有効求人倍率をさらに細かく見ると、直近1年では1.2倍〜1.3倍を維持しています。企業側からすると、今後も非常に厳しい状態が続くでしょう。だからこそ、採用戦略の立案と計画実行の精度を上げていく必要があります。

　単に求人広告などを利用するだけではなく、会社が持つ強みを露出させ、自社とマッチする人に来てもらう、そのような採用活動の基盤を構築することが大切です。

第 **2** 章

採用成功のための原理原則

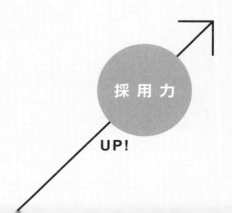

第1節

採用戦略とは

1　戦略なき実行は消耗戦

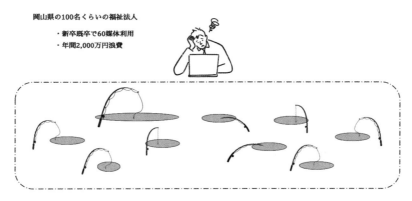

「応募が来ない」「採用できない」という悩みが尽きないのは、戦略がないまま採用活動を進めているためです。実際、筆者が支援した、岡山県にある100名規模の従業員を抱える介護福祉関連の会社は、以下のような状況にありました。

- 新卒採用・中途採用のために60媒体ほどを利用
- 採用コストは年間2,000万円超

同会社は、求人ライティングや写真に対してこだわりを持たないまま採用活動を進めていたため、単にお金を浪費しているだけでした。筆者からすると、「たくさんの釣り堀に、使えない釣り竿を垂らし続けている」状況です。このようなケースでは消耗戦になり、結果として「いつまでたっても採用できない」という事態に陥ってしまうのです。

2 釣る魚から釣上げまで決めるのが採用戦略の「釣り理論」

すべてが揃ったら釣れる。
それが戦略。

詳しくは基礎編第3章で

　採用を成功させるためには、採用戦略「釣り理論」として以下の5つを検討する必要があります。

- ターゲット設定（釣る魚）
- 魅力の訴求（釣り竿）
- 職種名・写真（釣り餌）
- 採用チャネル（釣り堀）
- 惹きつけ（釣上げ）

　釣りに例えた場合、一口に「釣る」といっても、魚の種類によって効果のある餌や竿は異なります。また、同じ魚でも、特徴によって釣る場所や釣り方が変わってくるケースもあるでしょう。採用活動も同様に、ターゲット設定から惹きつけまですべてそろって初めて成功します。難しい魚（ターゲット）ほど、この戦略を緻密に組み立てることが大切です。

第 2 節

求職者目線

　前章で紹介した「採用力＝企業力×戦略力×改善力」以外にも、採用活動で意識したい考え方があります。

　それは、「求職者目線」です。非常に当たり前で大切であるにもかかわらず、企業目線で採用活動を進めてしまう会社が多くあります。

　求職者はどのような動きをするのか、詳しく見ていきましょう。

（1）転職時にたどる一連の流れ

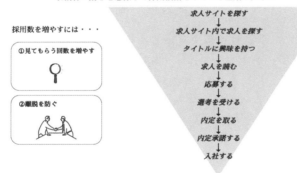

　皆さんが転職を考えたとき、どのような行動から始めるか、考えてみてください。まずは求人サイトをネットなどで探し、心が惹かれた求人の詳細情報をチェックするでしょう。実際に応募したあとは、選考を受けて内定を取り、承諾ののち入社します。

　つまり、最終的な入社を増やすには、求人情報を見てもらう回数を

増やすか、途中の離脱を防ぐしかないということです。

（2）求職者の具体的な動き

2-1

①Google や Yahoo! で検索　　②どの求人サイトが良いか探す

　より具体的に、求職者目線で考えてみましょう。求職者は最初からIndeedやビズリーチを見たり、人材紹介会社に登録したりするわけではありません。もちろん、「前の転職で使ったことがある」「CMで見たことがある」という場合もあります。しかし、まずはGoogleやYahoo!といった検索エンジンで求人を探すというケースがほとんどです。
　例えば、「長野市 営業 求人」「未経験 正社員 求人」など、自分が求める条件に合致しそうなキーワードを入力します。すると、スポンサーや自然検索の結果として様々な求人サイトが表示されます（2-1参照）。

2-2

　そこから求人サイトを選び、求人情報を探すという流れです（**2-2**参照）。ちなみに、近年スマホを使った転職活動が主流ですので、求職者の目線に立って、採用側もスマホを使って、エリア名や職種名で求人検索をしてみることが大切です。

　検索しても自社の求人情報が載っていないのなら、当然応募は来ません。求職者がどのような方法で求人情報を探しているかを把握したうえで、効果的な釣り竿（魅力の訴求）や釣り餌（職種名・写真）等を考える必要があります。

第2章　採用成功のための原理原則　73

基礎編

－採用攻略法「釣り理論」の徹底解説－

第 **3** 章

企 業 力

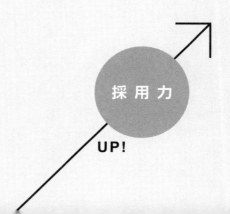

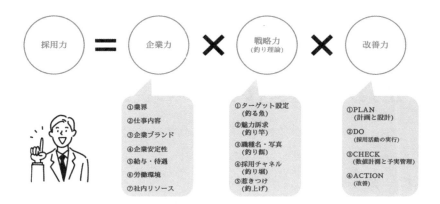

第3章～第5章では、採用力の定義である「企業力」「戦略力」「改善力」の3つについて、順番に解説していきます。

- 採用力＝企業力×戦略力（釣り理論）×改善力

第3章で取り上げるのは、1つ目の「企業力」です。
企業力は、以下7つの要素からなると定義します。

- 業界
- 仕事内容
- 企業ブランド
- 企業安定性
- 給与・待遇
- 労働環境
- 社内リソース

採用につながる「企業力」とは何か、それぞれ詳しく見ていきましょう。

第 1 節

企業力に含まれる7つの要素

1　業　界

採用につながりやすいのは、以下のように呼べる業界です。

- 人気業界
- 成長業界
- 安定業界

業界は、求職者にとっても、応募先を決める際に重要な判断材料の1つとなります。

例えば、半導体業界は一時期、成長性や将来性が高いと人気の業界
でした。しかし、2021年あたりから急激に成長の勢いが落ちたことを
受け、「半導体業界って大丈夫なのかな」と不安を感じる時期を迎え
ました。その当時は「半導体」はアピールポイントにならず、むしろ
ネガティブに受け止められてしまう傾向にありました。

　しかし、一口に半導体業界といっても、様々な会社が存在します。

- 半導体そのものを作っている会社
- 半導体の製造装置を作っている会社
- 製造装置の部品を作っている会社

　3つ目のように製造装置の部品となると、半導体業界であると同時
に精密製造業です。つまり、「当社は半導体業界です」ともいえるし、
「当社は精密製造業です」ともいえるわけです。半導体市場が伸びて
いれば半導体業界をアピールし、半導体市場が低迷していれば精密製
造業をアピールするというわけです。

　自社が属する業界を表す際は、自社の現状の立ち位置を正確に把握
したうえで、イメージアップにつながる表現を使いましょう。

2　仕事内容

②仕事内容

・「人気がある仕事」「やりがいのある仕事」といえるかどうか
・「採用難易度が低い職種
　（年齢制限、経験要件、資格要件が少ない）」といえるかどうか
・「仕事を通じて自己成長ができる」といえるかどうか

採用につながりやすい仕事内容の特徴は、以下のとおりです。

- 人気がある・やりがいがある
- 採用難易度が低い
- 仕事を通じて自己成長ができる

例えば、未経験でも挑戦しやすい一般事務は人気があり、応募が集まりやすい傾向にあります。年齢制限や資格要件が少ないといった、採用難易度が低い仕事内容も同様です。就職後の成長が期待できる点も、求職者にとって魅力を感じる要素の1つとなるでしょう。仕事に関するスキルを、資格の取得などでわかりやすく客観的に計れる仕事内容であれば、自己成長がわかりやすいですね。

そもそも人気がある仕事なら採用しやすい、簡単な仕事なら採用しやすいという一般的な話です。

3　企業ブランド

　以下のように呼べる企業ブランドがあることも、採用力に寄与します。

- 有名企業
- 大企業
- 地元優良企業

　「企業ブランドがあれば採用しやすい」というのは想像しやすいでしょう。企業ブランドがないからといってネガティブになることはありません。企業力には他の要素もありますし、企業力では他社に勝てないとしても、戦略力と改善力でカバーすることで採用力は向上するからです。
　まず自己認識として自社の企業ブランドはどの程度であるかを理解し、他の項目でどの程度カバーすべきかを把握しましょう。

4　企業安定性

　「安定性」という言葉はあいまいで、定義が難しいものです。しかし、筆者が採用支援をしてきたなかで、以下のような企業は「安定性がある」と表現できると感じています。

- 創業歴や黒字歴が長い
- ビジネスモデルに確実性がある
- 将来性がある
- 不景気でも売上を維持できている

　「事業が長く続いてきたし、将来性もあるだろう」と感じられると、安定を求める求職者は魅力を感じやすくなるでしょう。
　特に20代・30代の若手は「安定性」が会社選びの軸となってきているので、この視点も企業力の観点では重要になってきます。

5　給与・待遇

- 「給与がよい、賞与がよい、手当がよい」といえるかどうか(報酬)
- 「残業が少ない、休日が多い、有休をとりやすい」といえるかどうか(時間)
- 「福利厚生、教育研修がよい」といえるかどうか(その他)

企業力には、以下のような給与・待遇面も大きく影響します。

	例
報　酬	・給与が高い ・賞与がある、または高い ・手当がある、または高い
時　間	・残業が少ない ・休日が多い ・有給休暇をとりやすい
その他	・福利厚生が充実している ・教育研修制度が整っている

　給与・待遇は、他社とわかりやすく差が出やすい部分でもあります。
　福利厚生については、社内では当たり前すぎて、特に求人票に書いていなかったという場合も、列挙してみることで意外と充実して見えるケースがあります。例えば、自動販売機やコーヒーマシンなどを置いている会社も、社員同士の交流に会社からの費用負担がある会社も、看護休暇が有給の会社も、それぞれ独自の福利厚生が求職者に好影響を与えることもあります。

第3章　企業力　85

6　労働環境

求職者は、以下のような労働環境にも注目します。

- 施設衛生がよい
- 体力に左右されない
- 人間関係がよい

　同じ給料でも、オフィスや工場など職場環境が綺麗なほうが応募者は集まりやすいのが事実です。また、体力が必要な労働環境は体力に不安がある方が応募しにくい分、対象者が狭まり採用しにくくなります。

　人間関係は職場選びの基準にならないケースが多いものの、退職理由としては筆頭に上がる要素です。「採用の成功＝採用した人材が定着して、自社で活躍し続けること」と考えると、人間関係も要素の1つといえるでしょう。

7　社内リソース

- 採用活動を実行できる担当者がいるか
- 採用について正しい知見や適切な判断力のある責任者がいるか
- 現場の部署と採用担当部署をつなぎ、適切なコミュニケーションと方向性のすり合わせができる担当者がいるか

　コントロールが難しい企業力の中でも、唯一変えやすいのが社内リソースです。社内リソースについては、以下の3点を確認しましょう。

- 採用活動を担当できる人がいるか
- 採用についての正しい知見と判断力を持つ人がいるか
- 現場と採用担当間の橋渡し役を担える人はいるか

　特に注意したいのが、現場と採用担当とで部署が異なる場合です。このようなケースでは、部署間をつないでコミュニケーションやすり合わせができる採用担当者が必須となります。「今度こそ、確実に採用したい」という場合は、社内リソースを増やすことを検討しましょう。

第2節

企業力を見てから戦略立案と改善へ

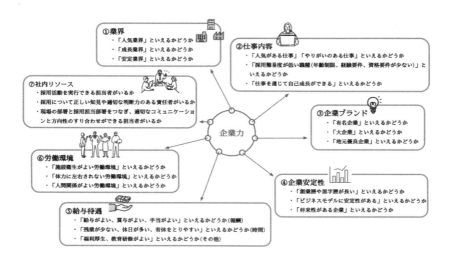

　上図は、本章で解説した企業力をまとめたものです。自社の企業力が高ければ、戦略力と改善力をそれほど上げなくても、求人情報を出せば応募は来ます。逆に、企業力が低い場合は、戦略力と改善力のレベルアップが採用成功の鍵となります。

　まずは自社の企業力を把握したうえで、戦略力と改善力にどれくらいのリソースを割けばよいかを検討しましょう。**第1章第2節**で紹介した「採用伸びしろ診断」でも同様の評価項目があるので、ぜひチェックしてみてください。

第 **4** 章

戦略力（釣り理論）

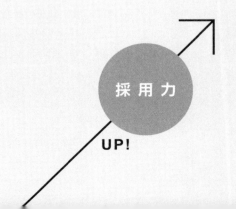
採用力

UP!

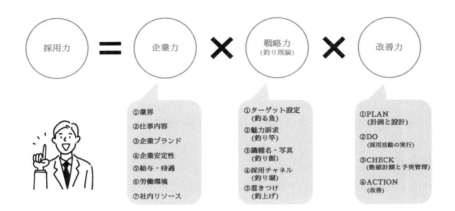

　第4章では採用力の中で最も重要な「戦略力」について、釣りに例えた「釣り理論」とともに解説します。

　釣り理論とは、ターゲット設定や訴求方法など採用活動の要素を釣りに例えたものです。マグロを釣るのとアジを釣るのでは、竿も餌も釣る場所も釣り方も変えなければうまくいきません。採用も同様に、ターゲットに合った方法を取らないと成功しません。「釣りたい魚＝獲得したい人材」を得るためには何が必要か、1つずつ見ていきましょう。

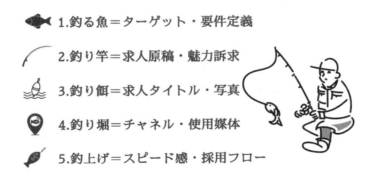

第1節

釣る魚（ターゲット）

　はじめに考えるのは、釣る魚（ターゲット）です。例えば、鯛を釣りたいのであれば、マグロの釣り竿を使っても釣れません。マグロを釣りたいのに琵琶湖に行っても、もちろん釣れないでしょう。魚によって適切な竿や場所などは変わってくるため、「何を釣りたいか」を明確にする必要があります。

1　釣る魚（ターゲット）を考える前に

（1）【大前提】釣り理論＝釣り求人ではない

よく「釣り広告・詐欺広告」という意味で使われる、「釣り求人」とは違います

釣り理論を解説する前に注意していただきたいのが、釣り求人といった詐欺広告とはまったくの別物であるという点です。とある求人媒体などでは、「ボタンを押すだけの仕事で、時給1,900円」などの釣り求人が載っていることもあります。実際に応募すると、派遣会社や人材紹介会社のWebページに移動してしまう広告です。

　虚偽広告とも受け止められるような意味での「釣り」と、釣り理論は異なります。あくまでも、釣り理論は採用成功に必要なノウハウを理論化したものと理解してください。

（2）ほとんどの会社は釣り堀の話しかしない

　筆者は多くの会社から採用に関する相談を受けていますが、そのほとんどは「マイナビやハローワークに求人情報を掲載したが、応募が来ない」というものです。これは釣り理論における、釣り堀の話になります。筆者からすると、「マグロで有名な大間に行ったものの、マグロが釣れなかった」と言っているようなものです。

　もちろん、マグロの漁獲難易度は高いと思われますが、釣れる人には釣れます。釣れない人との違いは竿や餌はもちろん、釣り上げ方もマグロに合わせている点です。つまり、釣り理論でも起点としてまず重要なのが、釣る魚（ターゲット）になります。そこが適切に設定されて初めて、竿や場所などが決まってくるのです。

　採用がうまくいかない会社では、釣り理論に含まれる5つの要素（釣る魚／釣り竿／釣り餌／釣り堀／釣上げ。91ページ参照）のいずれかに必ず課題があります。「自社の場合は、どこに課題があるのか」という視点で、1つずつ確認してください。

2　ターゲット設定でよくある3つのミス

　釣る魚の選定、つまりターゲット設定でよくあるミスは以下の3つです。

（1）欲しい要素を盛りすぎている
（2）誰でもよい
（3）組織図にはまらない

それぞれ詳しく見ていきましょう。

(1) 欲しい要素を盛りすぎている

　クライアントに「どのような方を採用したいですか」と尋ねると、以下のように欲しい要素をたくさん挙げるケースが多々あります。

- 20代後半～30代前半で募集業務の経験がある方
- 責任感・主体性・積極性があって、勉強にも熱心である方
- コミュニケーション能力が高い方
- 素直に言うことも聞いて、残業も気にせず働いてくれる方
- 長く勤めてくれる方　など

　上記のような方は正直なところ、どの会社でも欲しい人材です。つまり、他社と奪い合いになります。同時に、この魅力的な人材が自分たちの会社で働きたいと思うかどうかも、疑問です。
　このように理想ばかりを追うと、ターゲット像がぶれてしまううえに、採用難易度が格段に高まります。

第4章　戦略力（釣り理論）　95

（2）誰でもよい

　（1）とは逆に、誰でもよいというターゲット設定もよくあるミスです。

- 日本語を話せる
- 8時間勤務ができる
- 単純作業ができる　など

　誰でもよいという訴求は、求職者にはハードルが低く見え、採用難易度が下がると思うかもしれません。しかし、実は誰の心にも刺さらず、結果として採用に失敗します。いくらハードルの低い仕事であっても、ターゲット設定は明確に行い、「自分にぴったりだ」と感じてもらうことが大事なのです。

（3）組織図にはまらない

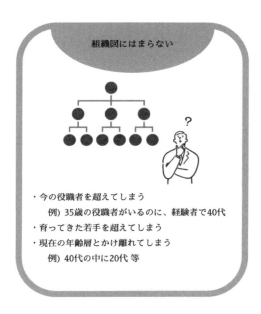

今の組織図に当てはまらないターゲット設定も、よくあるミスの1つです。例えば、年功序列の人事体制をとっている会社において、現在35歳の役職者がいる状況で、40代の経験者を採用するとしましょう。すると、現在の役職者の立場がなくなってしまったというケースです。

また、例えば高卒で5年働いてきた23歳の従業者がいる状況で、25歳の中途採用者が入ってきたとします。どちらも一般職であれば、18歳からコツコツ頑張った23歳よりも、後から入った25歳のほうが高い給与になってしまうことがあり、不満の要因になります。とはいえ、逆に23歳のほうが高い給与になると、今度は中途採用者のほうが「あの人は若いのに」と不満を抱くでしょう。

つまり、採用ターゲットは、今の組織図をリアルにイメージしながら考える必要があります。先の例では、育ってきた若手よりも下の年齢、あるいは逆に誰もが「この人ならいいよ」と思える経験を持っている方が望ましいでしょう。

さらに、現在の年齢層と採用者との間にギャップがありすぎるのもよくありません。例えば、40代しかいない部署には、いきなり20代を入れずに、30代２人と20代１人を入れるのががちょうどよいといえます。面倒見が良い人のところにまずは未経験の若手を入れる、逆に放任主義で主体的に動くことを求める人のところには、自分で考えて動ける経験者を入れる、といった配置の工夫も大切になってくるでしょう。

3　ターゲット設定のポイント

　ターゲット設定のポイントは、以下の３つです。

（１）　３つの要件を満たしたターゲット像を抽出する
（２）　松竹梅で採用条件を整理する
（３）　転職の決め手となる理由を考える

それぞれ詳しく見ていきましょう。

（１）　３つの要件を満たしたターゲット像を抽出する

ターゲット設定においてまず意識したいのが、以下に挙げる3つの要件を満たしたターゲット像の抽出です。

- 欲しい人材
- 活躍している人材
- 採用できそうな人材

　上図において重なった円の真ん中にあたる人物を見つけ出すことが、正しいターゲット設定の鍵となります。

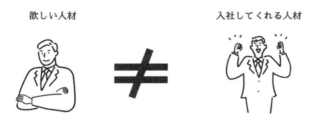

　大前提として覚えておきたいのが、「欲しい人材＝入社してくれる人材」ではないということです。会社側が「こういう方が来てくれたらいいな」と思うのと、それにあてはまる人物が企業側に好印象を持って「求人に応募したい」と思うのは、まったく別の話です。

　筆者が都内の飲食チェーンで採用支援した際、「どんな人が欲しいですか」と尋ねたところ、「一芸に秀でていて、店長もやってくれる人」という答えが返ってきました。実際に活躍されている方についても聞いてみたところ、その方は元力士でした。確かに力士であれば一芸に秀でていますが、また同じように元力士を採用できるかというとそうはいきません。

　そこで筆者は、実際に活躍している方について深掘りしてみました。すると、地方出身で上京を機に成長したい・成功したいという若手が多いとわかりました。そのため、以下を訴求の軸として都内に出たい

第4章　戦略力（釣り理論）　99

方向けに地方で求人を出す提案をしました。

- 地方よりも求人の条件がよい（給与など）
- 寮がある
- 成長できる
- 同じ仲間がいる

　このように、欲しい人材ばかりをイメージしても採用は成功しません。まずは自社で活躍している人をイメージしたうえで、欲しい人材、かつ採用できそうな人材をターゲットとして考えましょう（98ページの図にある3つの円が重なった真ん中にあたる人材を探す）。

（2）松竹梅で採用条件を整理する

募集職種 例）施工管理	Want 松	Better 竹	Must 梅
年齢・性別	20代	20代〜30代まで	55歳くらいまで
スキル	○○資格保有者 ※掘削工事の主任者になれないため ※職長教育も受講している必要あり	土工経験がある	なし
マインド	土工の仕事に誇りを持っている 責任感がある	前向きに仕事ができる	真面目
職務経歴	基礎工事の経験がある	土木・土工の工事の経験	なし
年収	X00万	X00万	X00万
上記のような人が 自社に転職する理由	常に安定して仕事がある 大きな現場がある （大きな仕事がしたい）	生活をもう少しよくしたい	ちゃんとした会社で働きたい
実際に活躍している 社員の名前	○○さん(中途：経験豊富)	○○さん(中途：ほぼ未経験) ○○さん(中途：経験豊富)	○○さん(中途：ほぼ未経験)
その他	＜インタビュー対象＞ 土工：○○さん、○○さん	キャリアで目指す場所は職長 適性があれば鳶にもなれる	

　採用条件を考えるにあたっては、松竹梅の3つのレベルで整理しましょう。まずは、「ここまでなら妥協できるかな」という最低ラインとして、梅（Must）を決めることが大切です。いざ採用活動がスタートすると、理想を追い求めすぎてしまうケースがあるためです。逆に、採用できな

いからといって妥協しすぎてしまうケースも少なくありません。

　梅（Must）の基準となるのは、「どのような人柄であっても、このスキルやマインド、経験がなければ履歴書の時点で絶対に落とす」というラインです。一方の松（Want）は欲しいかつ採用できそうな人材の最高ラインであり、中間が竹（Better）になります。松だけでも梅だけでも不十分ですので、松竹梅で考えてみてください。各ラインの採用条件をきちんと整えてから、それぞれの採用方法を考えていくことが大切です。

（3）転職の決め手となる理由を考える

　松竹梅でまとめたあとは、欲しい人材が自分たちの会社へ転職する理由を想像してみましょう。転職理由は「採用できそうな人」のヒントになります。転職する理由を想像する際のポイントは、以下の3つです。

- 欲しいターゲット人材が自社に入社したいと思える理由はあるか、作れそうか
- 実際にその層の人が自社内にいるか
- 実際にその層の人が自社内で活躍しているか

　転職する理由が見つからず、実際に似たような方が自社にいなければ、ただ理想を語っているだけになってしまいます。つまり、3つの円（欲しい人材／活躍している人材／採用できそうな人材）でいうと、「欲しい人材」のみを見ている状況です。

　松竹梅それぞれで実際に活躍している方をイメージし、「この方の入社・転職理由は○○だったな」というものを洗い出しましょう。

第4章　戦略力（釣り理論）　101

4 釣る魚（ターゲット）の事例

ターゲット設定の事例として、以下の2つを紹介します。

（1）建設設備の営業
（2）経理事務

それぞれ詳しく見ていきましょう。

（1）建築設備の営業

広島県　建築設備営業

Want 松	Better 竹	Must 梅
同業他社から30代後半〜40代前半 法人営業経験も知識もある 500〜600万円 （月給38万×12＝ 　　　456＋50〜150万円）	20代後半〜30代 若干、建設系がわかっている営業 30万円〜	20代半ば〜30代前半 営業の基礎スキルがある

全く同じ…数社、30名〜50名　　　空調電気分野別…1,000名

採用商圏内でターゲット人材が何人くらいいるか把握していますか？

　こちらは、広島県広島市にある建築設備営業の会社です。工場や病院といった大規模施設を対象に、空調や電気設備などの営業・施工管理をしています。営業の求人を出したときのターゲットの松竹梅は、上図のとおりでした。

　Want（松）では同業の経験者を希望していましたが、筆者が注目したのは採用商圏内（通勤可能な範囲）でのターゲット人材数です。「広島市内に松人材はどれくらいいると思いますか」と質問したところ、「同業は数社しかないので、いても30人〜50人くらいかな」という返答でした。

　正社員の離職率は約15％[注]であることを踏まえると、同エリアでは理論上、1年間で5人ほどしか転職しません。

（注）厚生労働省「令和4年雇用動向調査 結果の概要」より
chrome-extension://efaidnbmnnnibpcajpcglclefindmkaj/https://www.mhlw.go.jp/
toukei/itiran/roudou/koyou/doukou/23-2/dl/kekka_gaiyo-01.pdf

　このように計算すると、Want（松）の条件が想像よりも難しく、
タイミング勝負になるとわかります。そこで、一歩下がってBetter（竹）
を考えてみましょう。同業ではなくとも、建設系の営業に携わってい
た方であれば、1,000人ほどはいると推測されました。1年間で150人、
月10人ほどが転職すると考えると、求人を見てくれる可能性は上がり
ます。「2か月～3か月で1人採用できるかな」という予測も立ちます。

　最低ラインである梅（Must）は、20代半ばから30代後半で営業の
基礎スキルがある程度の方です。「このラインだったら、結構いそう
だよね」という感覚です。

　実際には松～梅の3パターンの求人を掲載し、梅の中でもかなりポ
テンシャルのある若手人材が採用できました。成長し、2年経った今
でも活躍しているそうです。

　欲しい人材だけをねらっても、採用商圏内にターゲットがいなけれ
ば応募は発生しません。そのため、松竹梅で現実路線を見ていくこと
が大切になります。

　ちなみにそれから1年後には松人材が2人採用できたそうです。

第4章　戦略力（釣り理論）　103

（2）経理事務

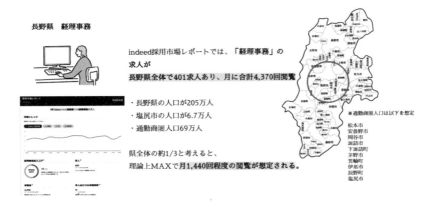

　こちらは、長野県塩尻市で経理事務を募集した際に「限られた期間で経理事務の経験者が採用できるのか？」をデータで論理的に導き出した事例です。

　まずIndeedの採用市場レポートを見ると、長野県内で募集されている経理事務の求人は401件ありました。また、月合計4,370回クリック（閲覧）されているというデータもあります。さらに、塩尻市と採用商圏内（その会社に通える範囲の市町村）の人口は、県全体の３分の１ほどを占めることがわかりました。つまり理論上では、同エリア内の経理事務の求人閲覧数は月1,456回（4,370回の１／３）と想定できるのです。閲覧数200回で１応募と仮定すれば７応募は来る、７応募集めることができれば、１か月で採用まで届きそうだということもわかります。

　経理事務の採用難易度について、別の視点でも考えてみました。国勢調査や雇用動向調査などから、転職者数を計算して検証する方法です。

　調査データによると、全従業者122万人のうち、2.6％は会計事務に携わっています。長野県内の就業人口が108万人であることを踏まえると、県内における会計事務従事者の推計は2.8万人です。塩尻市と採用商圏内の人口が県全体の３分の１であったため、9,300人が同エリアで会計事務職に従事していることも推測できます。

ここからさらに、転職候補者数を導いてみましょう。正社員の離職率が15％の場合、同エリアの会計事務従事者は年間約1,400人が退職していると推計できます。したがって、月で換算すると116人が転職候補者数として挙がるということです。

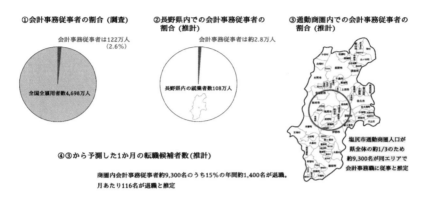

（出典）総務省統計局「令和2年国勢調査」より
　　　　https://www.stat.go.jp/data/kokusei/2020/kekka.html
（出典）厚生労働省「令和4年雇用動向調査 結果の概要」より
　　　　chrome-extension://efaidnbmnnnibpcajpcglclefindmkaj/https://www.mhlw.go.jp/toukei/itiran/roudou/koyou/doukou/23-2/dl/kekka_gaiyo-01.pdf
　　　　上記を参考に著者作成

　統計をもとに算出すると、なんとなく「採用できそうだな」と目途が立ちます。実際、1か月ほどで6人～7人の応募があり、1人とても人柄もよく、能力も高い方を採用できました。
　このように、採用ターゲットを考える際は、業種・職種の情報や統計のデータを集めて具体的な数値を予測することが大切です。

第4章　戦略力（釣り理論）　105

5　まとめ

　1.釣る魚＝ターゲット・要件定義

　2.釣り竿＝求人原稿・魅力訴求

　3.釣り餌＝求人タイトル・写真

　4.釣り堀＝チャネル・使用媒体

　5.釣上げ＝スピード感・採用フロー

・欲しい人材かつ採用できそうな人材を狙えているか
・自社(あなたの会社)で活躍する人材の特徴を知っているか
・松竹梅で要件を整理できているか
・採用商圏内でターゲット人材が何人くらいいるか把握しているか
・実際にそのターゲット人材が入社したときに、組織にフィットするイメージを持てているか

　釣る魚について重要なポイントは、以下の5つです。

- 欲しい人材かつ採用できそうな人材を狙えているか
- 自社で活躍する人材の特徴を知っているか
- 松竹梅で要件を整理できているか
- 採用商圏内のターゲット人材数を把握しているか
- ターゲット人材が入社したとき、組織にフィットするイメージを持てるか

　上記に照らし合わせながら、「釣る魚」のどこに課題があるか、1つずつチェックしてみてください。

第2節

釣り竿（求人原稿）

採用を釣りに例えると・・・

1. 釣る魚＝ターゲット・要件定義
2. 釣り竿＝求人原稿・魅力訴求
3. 釣り餌＝求人タイトル・写真
4. 釣り堀＝チャネル・使用媒体
5. 釣上げ＝スピード感・採用フロー

　第1節の釣る魚（ターゲット）に続いて大切なのは、釣り竿（求人原稿）です。**第1節**では、ターゲット人材を明確に想像することが大切だとお伝えしました。**第2節**ではそのターゲット人材に対して、「働くうえでの魅力をどのように訴求していくか」を解説します。

第4章　戦略力（釣り理論）　107

1　最も大切なのは「心に刺さるかどうか」

　求人原稿において最も重要なポイントは、「求職者の心に刺さる内容になっているか」です。例えば、居酒屋やコンビニに「スタッフ募集中！」などの張り紙がよくあります。しかし、パッと見ただけで「ここで働きたい！」と魅力を感じ、心に刺さる方は少ないでしょう。
　魅力を感じにくいのは、求人を募集している旨と労働条件が記載されているのみだからです。求人サイトにも似たような掲載が多数ありますが、求職者が「ここで働きたい！」と思えるような内容にしないと応募につながりません。そうでなければ、求人広告など掲載にかけるお金を増やしたところで、採用はおろか、応募すらない状況が続いてしまうでしょう。

2 釣り竿（求人原稿）の重要性

釣り竿（求人原稿）の重要性は、実際に働いている人をイメージするとよりわかりやすくなります。

（1）まずは思考実験をしてみよう

まずは、皆さんの会社で「ぜひまた採用したい」と思う社員を2名挙げてみましょう。営業の「AさんとBさん」、エンジニアの「CさんとDさん」などです。本書では仮に、佐藤さん（32歳）と山田さん（40歳）の2名で話を進めます。

①3つの質問に対する答えをイメージしてみる

具体的な2名を思い浮かべたら、以下に挙げる3つの質問の答えをイメージしてみましょう。

- この人があなたの会社に入社した理由は？
- この人があなたの会社で働き続けている理由は？
- この人があなたの会社の好きなところは？

佐藤さんと山田さんとで、それぞれの答えは同じでしょうか、それとも違ってくるでしょうか。

②答えはきっと違ってくる

　皆さんがイメージした佐藤さん・山田さんでも、質問の答えは大なり小なり違いが出てくるはずです。少なくとも、筆者が今まで採用支援してきたなかでは、まったく同じというケースはありませんでした。例えば筆者の会社（採用コンサルタント）であっても、入社の動機は様々です。

- 営業職からコンサルタント職になりたい
- 既に採用コンサルタントをしているが、今の会社から転職したい
- クライアント業界が限られていてドライバーの採用支援しかやったことがないので、別の経験も積みたい
- もっと稼げる実力をつけたい
- もっと人の役に立つ仕事がしたい
- 将来的に独立したい　　など

また、働き続けている理由も人によって異なります。

- お客様との距離が近く、深く関われるから
- 提案の幅が広くやりがいがあるから
- とても働きやすいから
- 自分のパフォーマンスに見合った報酬がもらえるから　　など

　そもそも会社が好きというよりは、仕事内容が合っているから続けているという方も少なくありません。このように入社の動機や働き続けている理由などは人によって異なるため、自社の魅力の伝え方もターゲット人材によって変える必要があります。

　つまり、同じ職種でもターゲットによって求人で伝える内容、伝え

方を変える必要があるのに、世の中の多くの求人はそこまで考えて作られてないのです。

（2）ターゲットが変わると求人原稿も変わる

ターゲットが変わると　　　　求人原稿が変わる

明確なターゲット設定とそのターゲットに刺さる求人原稿を作成することが一番大事！！

「皆さん、うちに来てください！」という幅広くあいまいなターゲット設定の求人では、誰の心にも刺さりません。「30代の経験者」というターゲット設定も、明確とは言い難いレベルです。まずは「うちで働いているAさん」のように、ターゲット人材をリアルかつクリアにイメージすることが大切です。

そのうえで、ターゲット人材に刺さる求人原稿を作ります。前述したように佐藤さんをイメージして書く求人原稿と、山田さんをイメージして書く求人原稿は違ってきます。佐藤さんをイメージしたら佐藤さんに刺さる求人原稿を書く必要があります。逆もまたしかりです。釣り竿（求人原稿）については、「ターゲットが変わると、求人原稿の中身も変わる」ことを第一に押さえてください。

3 ピンポイント求人

　ピンポイント求人とは、「その人だけに刺さる求人」という意味です。具体例を見ていきましょう。

（1）もし自分が求人原稿を書くとしたら？

　例えば、採用担当者であるあなたが、求人原稿を書く指示を受けたとしましょう。要望は、以下のとおりです。

- スーパーのレジ打ちが不足している
- スーパーは9時〜22時まで営業している
- 営業は年中無休で、土日祝日の出勤もある
- できればたくさん働ける人・長時間働ける人がよい
- 難しければ、1日数時間でも働ける人を採用したい

　皆さんなら、どのような求人原稿を書くでしょうか。

```
【求人A】

■勤務時間
9:00〜22:00
※1日3h〜時間帯応相談

■勤務日数
週1〜5日
※多く働ける方、歓迎

■仕事内容
スーパーのレジ打ち
```

　大体の方は、上図のような内容になるのではないでしょうか。求人
情報誌などでも同じような求人原稿であふれています。次頁からは、
この求人原稿を、ピンポイント求人という視点から見直していきます。

（２）求人Ａは見た人の心に刺さるか

①主婦（37歳）の場合

```
【求人A】

■勤務時間
9:00～22:00
※1日3h～時間帯応相談

■勤務日数
週1～5日
※多く働ける方、歓迎

■仕事内容
スーパーのレジ打ち
```

37歳主婦

子どもは小学生1人
平日週2日のみ
昼の時間だけ働きたい。
扶養内で働きたい。

　例えば、以下のような背景やニーズがある就職活動中の37歳の主婦がいたと仮定します。
- 小学生の子どもが１人いる
- 週２日ほど、扶養内で働きたい
- 勤務時間は、平日の昼間が望ましい

彼女が求人Ａを見た場合、次のような気持ちを抱くと想定できます。

掲載内容	主婦（37歳）の気持ち
・勤務時間は９時から22時 ・時間帯は要相談	「朝や夜は出られないけれど、大丈夫かな」（不安）
・勤務日数は週１日～５日 ・多く働ける方歓迎	「週２日だけ、しかも平日だけしか働けない私は、ちょっと合わないかも」（ミスマッチ）

　結果として彼女は求人Ａには応募せず、他の求人を探すでしょう。スーパーとしては彼女も採用したい人材なのにも関わらずです。

②ピンポイント求人へ書き換えるとしたら

　彼女の心に刺さるピンポイント求人を書くとしたら、求人Bのようになります。

37歳主婦

【求人B】
■勤務時間
①9:00～13:00
②9:00～15:00
③10:00～14:00
④10:00～15:00
その他、ご希望時間があれば柔軟に対応しておりますので、ご相談ください！

■勤務日数
週1～5日
※週1～2日の方、ダブルワークや子育て中の方、大歓迎！

■仕事内容
スーパーのレジ打ち
※最初は先輩社員が横でレクチャーしますので慣れるまで不安はありません。
※一緒に働く仲間は子育て世代のパートさんが多いです！

　このような求人原稿であれば、彼女は安心感や相性の良さを感じやすくなるでしょう。

- 勤務時間③が私にぴったりだ
- 週1日からOKなら子育てと両立できそう
- 文面からも優しそうな職場の雰囲気が伝わる　など

　求人Bが求人Aと違うのは、事業者側が求めている情報を求職者目線で編集している点です。求人Aのように事業者側が求めていることだけを書いていても、誰の心にも刺さりません。明確にイメージしたターゲット人材が「私に合いそう」「ここで働いてみたい」と思えるよう、求人の条件ではなく原稿の書き方を工夫することが大切です。

第4章　戦略力（釣り理論）　115

（3）求人Bは誰の心にも刺さるか

　書き換えたピンポイント求人Bは誰の心にも刺さるのか、別のターゲット人材を例に見ていきましょう。

①フリーター（27歳／女性）の場合

```
【求人B】
■勤務時間
①9:00～13:00
②9:00～15:00
③10:00～14:00
④10:00～15:00
その他、ご希望時間があれば柔軟に対応しておりますので、
ご相談ください！

■勤務日数
週1～5日
※週1～2日の方、ダブルワークや子育て中の方、大歓迎！

■仕事内容
スーパーのレジ打ち
※最初は先輩社員が横でレクチャーしますので慣れるまで不安は
　ありません。
※一緒に働く仲間は子育て世代のパートさんが多いです！
```

27歳フリーター女性

結婚を機に旦那の地元に引っ越し
自宅近くで仕事を探している
月12万円ほど稼ぎたい

　例えば、以下のような背景やニーズがある就職活動中の27歳のフリーターがいたと仮定します。

- 結婚を機に旦那さんの地元に引っ越してきた
- 主婦もしながら、自宅近くで少し仕事をしたい
- 月12万円ほど稼ぎたい

　彼女が求人Bを見た場合、「もう少し働きたいんだけどな」と感じる可能性が高いでしょう。ピンポイント求人は、あくまでも特定のターゲット人材を想定して書くものです。前述したように、ターゲットが変わればピンポイント求人の内容も変わってくるのです。

②ピンポイント求人へ書き換えるとしたら

彼女の心に刺さるピンポイント求人を書くとしたら、求人Cのようになります。

【求人C】
■勤務時間
①8:00～16:00(実働7h)
②9:00～17:00(実働7h)
③10:00～19:00(実働8h)
④8:00～18:00(実働9h)
その他、ご希望時間があれば柔軟に対応しておりますので、ご相談ください!

■勤務日数
週1～5日
※週4～5日働ける方、フリーターや副業の方、大歓迎!

■仕事内容
スーパーのレジ打ち
※最初は先輩社員が横でレクチャーしますので慣れるまで不安はありません。

■給与イメージ　(扶養内調整可能です!)
・実働7hで週4日の場合…月収12万円程度
・実働9hで週3日の場合…月収11万円程度

このような求人原稿であれば、彼女は「このくらいの勤務日数であれば、私に合っているかも」と感じやすくなります。求人原稿は単に「書き換える」だけではなく、イメージしたターゲット人材に合わせて「書き分ける」ことが大切です。

第4章　戦略力（釣り理論）

（4）求人原稿はターゲット人材をリアルにイメージして書く

誰向け？	子持ち主婦向け	フリーター向け
【求人A】 ■勤務時間 9:00～22:00 ※1日3h～時間帯応相談 ■勤務日数 週1～5日 ※多く働ける方、歓迎 ■仕事内容 スーパーのレジ打ち	【求人B】 ■勤務時間 ①9:00～13:00 ②9:00～15:00 ③10:00～14:00 ④10:00～15:00 その他、ご希望時間があれば柔軟に対応しておりますので、ご相談ください！ ■勤務日数 週1～5日 ※週1～2日の方、ダブルワークや子育て中の方、大歓迎！ ■仕事内容 スーパーのレジ打ち ※最初は先輩社員が横でレクチャーしますので慣れるまで不安はありません。 ※一緒に働く仲間は子育て世代のパートさんが多いです！	【求人C】 ■勤務時間 ①8:00～16:00（実働7h） ②9:00～17:00（実働7h） ③10:00～19:00（実働8h） ④8:00～18:00（実働9h） その他、ご希望時間があれば柔軟に対応しておりますので、ご相談ください！ ■勤務日数 週1～5日 ※週4～5日働ける方、フリーターや副業の方、大歓迎！ ■仕事内容 スーパーのレジ打ち ※最初は先輩社員が横でレクチャーしますので慣れるまで不安はありません。 ■給与イメージ　（扶養内調整可能です！） ・実働7hで週4日の場合...月収12万円程度 ・実働9hで週3日の場合...月収11万円程度

　繰り返しになりますが、誰に向けて書いている求人かわからないものは、誰の心にも刺さりません。子供がいる主婦向け、それなりに働きたいフリーター向けなど、ターゲットによって刺さる内容は変わります。もちろん、経験者向け・未経験者向けでも全く違ってきます。

架空の人ではだめ！！

いかにリアルに人をイメージして求人を書くか、が大事

　そのため求人原稿は、架空の人物ではなく、リアリティのある人物をイメージして書くことが大切です。実際に働いている人をイメージすると、最もリアルな求人原稿を書くことができるでしょう。

4　企業の強み≠求職者にとっての魅力

　求人原稿で自社の魅力を訴求する際に押さえたいのが、「企業の強み＝求職者にとっての魅力」ではない点です。例えば、製造業の新卒求人では「この技術でNo.1です！」という謳い文句をよく目にします。しかし、技術力が応募の動機になるケースは多くありません。

　また、長野県のある温泉施設では、次のような求人原稿がありました。

求人原稿の記載	求職者の気持ち
漫画1万冊あります	「漫画の場所を覚えたり、片づけたりするの、できるかな」
老若男女問わず愛されています	「高齢者や子どもにも対応できないといけないの？」
広々リラックスできる空間です	「広くて掃除が大変そう！」

　上記は温泉施設の顧客に対する強みではあるものの、「働き手にとっての魅力」とは言い難いところです。逆に、ネガティブな印象を与える可能性さえあります。このケースでは、その後、実際に働く方にインタビューして「この職場の魅力は何か？」を聞き、以下のような内容で求人を書き直しました。

- 飲食やリラクゼーションなど多様な部門があるため、様々な経験ができて飽きない
- 希望があれば、別部門へ異動できる制度がある
- 福利厚生が充実（食事の社員割、家族分も含めた社員利用割引）など

　企業の強み、つまり企業の顧客が感じる魅力は、求職者にとっての魅力と同じではありません。それゆえに、求職者目線で自社の魅力を洗い出し、書き方を工夫する必要があるのです。

5 求人原稿の重要度は求人難易度に比例する

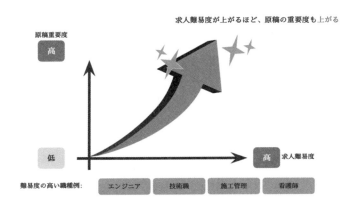

　働くうえでの魅力を言語化する求人原稿作成の工程は、求人難易度が高いほど重要度が上がります。例えば、一般事務やリモート可能な仕事などは採用難易度があまり高くはない分、それほど求人原稿を作り込まなくても応募が来る可能性があります。逆に、エンジニアや施工管理など採用難易度が高い仕事は、その分求人原稿もしっかり書かないと応募は来ません。

　特に資格が必要な職種の場合、仕事内容は基本的にどの会社も同じであり、比較項目になりにくい傾向にあります。結果的に給与や年間休日が比較対象となり、会社の良さが伝わりにくくなってしまいます。自社で採用したい職種の求人難易度が高い場合は、より一層原稿の改善に注力すべきだといえるでしょう。

第4章　戦略力（釣り理論）　121

6 求人原稿に載せる内容

4-1

【求人項目の例】

●こんな方にオススメ！	●1日の流れ	●代表〇〇からのメッセージ・・
●この仕事の魅力！	●こんな経験を活かせます！	●前年比〇〇％
●未経験者でもできる理由は・・	●株式会社〇〇はこんな会社です！	●20XX年〇〇を目指して
●具体的な研修内容は・・	●こんな人が活躍しています！	●当社の強みは・・
●具体的な仕事内容は・・	●この仕事のキャリアステップは・・	●ミッション「〇〇」を掲げて・・
●当社の魅力は・・	●社員インタビュー	●こんな悩みはありませんか？
●一緒に働く仲間は・・	●社長はこんな人・・	●世の中への思い

　求人原稿で競合他社と差別化するためには、仕事内容以外の求人項目について訴求する必要があります。**4-1**に求人項目の例をあげました。この中でも筆者がよく使うのは、「こんな方にオススメ！」「この仕事の魅力」です。ちなみにChatGPTに「求人項目を100個出して」と指示したところ、**4-2**のような結果が出ました。

　仕事での役割、働く環境のほか、求める人物像や社風といった視点があるのもわかります。このような多様な視点から自社の魅力を洗い出し、ターゲット人材に合わせて掲載内容を取捨選択する必要があるのです。もはや何を求人に書いたらよいかわからなくなる方もいるでしょう。

　ChatGPTなどの生成AIに求人を書いてもらったとして、良い求人（刺さる求人）になるでしょうか。

　4-1や**4-2**の項目例を参考にしながら、ターゲットに合わせた求人内容について、次頁ではもう少し考えていきましょう。

4-2

【求人項目の例】※chatGPTに項目出ししてもらいました

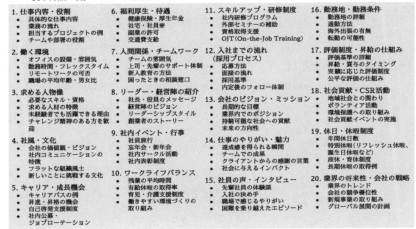

7　刺さる求人原稿の作成ポイント

適当にピックアップしただけでは、刺さる求人にならない

── ポイント ──
①公開調査データ(転職市場調査、職種別実態調査、転職者アンケート調査 etc..)の活用
②実際に働いている人へのインタビュー

　結論、生成AIに丸投げするなど、求人項目を適当にピックアップしただけの原稿では、誰の心にも刺さりません。求人原稿を作成する際に押さえたいポイントは、以下の2つです。

（1）公開調査データの活用
（2）実際に自社で働いている人へのインタビュー

それぞれ詳しく見ていきましょう。

第4章　戦略力（釣り理論）　123

（１）公開調査データの活用

１つ目のポイントは、公開調査データの活用です。

①公開調査データとは

転職市場調査、職種別実態調査、転職者アンケート調査、退職者アンケート調査の活用

公開調査データとしては、主に以下のようなものが挙げられます。

- 転職市場調査
- 職種別実態調査
- 転職者アンケート調査
- 退職者アンケート調査　など

例えば、職種別実態調査では、どのような転職の傾向があるかなどの実態を職種別で確認できます。調査主体は、国や都道府県、各業界団体、求人媒体を運営している企業などです。また、以下のように年代別や離職時期別の調査もあります。

- 20代を対象とした転職理由調査
- 入社３年以内の早期離職した理由の調査　など

このような調査結果を見れば、採用したい職種や年齢層の方が離職する理由や、転職時に重視する点などを把握できます。それらを求人原稿に反映することで、ターゲット人材の心に刺さる内容に一歩近づ

けるのです。

②公開調査データの例

ここで、公開調査データの例を1つ見ていきましょう。

ア 【クイズ】このアンケートの対象職種は何？

4-3

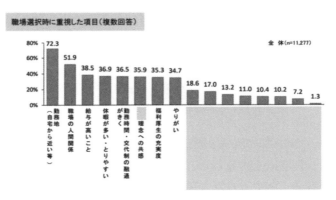

4-3は、ある職種の転職者を対象として「職場選択時に重視した項目」を調査したデータです。約1万人の回答からは、以下がトップ3となりました。

- 勤務地（自宅から近い等）
- 職場の人間関係
- 給与が高いこと

この結果から、自宅からの距離を結構重視する、人間関係が良くないと続けられない職種であると推測できます。また、ある程度理念への共感や福利厚生の充実度も重要なようです。では、この調査の対象となった職種は、何でしょうか。

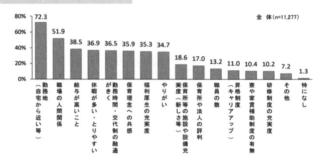

（出典）東京都福祉局「東京都保育士実態調査 結果の概要」より
https://www.fukushi.metro.tokyo.lg.jp/kodomo/shikaku/
r4hoikushichousa.files/0R4houkokusyogaiyou.pdf

イ 【答え】東京都で勤務する保育士の実態調査

　答えは、保育士を対象とした東京都の実態調査です（4-4）。保育士は女性が多く、その方自身も子育て中である場合が多い分、通勤しやすい場所として自宅から近い勤務地が重視される傾向にあります。

　また、直に見聞きした職場の雰囲気が転職の決め手になるケースも少なくありません。実際、筆者が採用支援した保育の会社では、「自分の娘が昔通っていて、良い雰囲気でした」「見学会へ行ったときの雰囲気が良かったんです」などの声が聞かれました。

　給与についても、「この園に転職したら、私はいくらもらえるんだろう」という不安は保育士にもあります。このほかにも、以下のような点も重視されやすいようです。

- 自分にも子どもがいるので、休みが取りやすいところだとうれしい
- 保育士の配置人数に余裕があって、勤務交代がしやすい場所だと助かる
- 運動遊び重視やモンテッソーリ教育など、保育理念に共感できる職場がよい　など

つまり、保育士の求人原稿を書く際は、上記に関する不安や疑問を解決する内容を、最低限盛り込む必要があるといえます。

③求職者が重視する点を求人原稿に反映することが大切

求人応募を集めるためには、求職者が重視する点に対する答えを、明確に書く必要があります。人間関係など求人原稿で伝えにくい部分は、説明会や見学会で補完するのも1つの方法です。

例えば、給与が「17万円〜25万円」と幅をもたせた記載となっている場合を考えてみましょう。今の会社で23万円もらっている求職者が同求人を見ると、「この会社に転職したら、結局いくらもらえるんだろう」と不安になり、躊躇してしまいます。「主任〇〇円」「園長候補〇〇円」など、実力に応じた金額を明確に示すことが大切です。

休日の取りやすさや勤務交代のしやすさも同様に、会社で対応できる範囲のことを明記します。対応が難しい場合は、他の求人項目で魅力を訴求する必要性が出てくるでしょう。こうしたアンケート調査を1つ見ただけでも、採用活動や求人原稿に関するヒントがたくさん見えてきます。

休日の取りやすさや勤務交代のしやすさについては、単に明記するだけでなく、その理由についても記載すると納得感が出ます。

- 急病の場合でも、マネージャーが対応
- スタッフの7割は子育て中のママであり、急な休みに理解がある

など

ちなみに、筆者が採用支援した保育の会社では、周辺地域に求人応募のチラシをポスティングしただけで、必要人数の保育士が集まったことがありました。「通勤のしやすさが重視されているな」と感じた一場面です。

このように公開調査には様々な種類がありますので、採用したい職種や年代のデータをぜひ一度探してみてください。

第4章 戦略力（釣り理論） 127

（2）実際に自社で働いている人へのインタビュー

本当の会社の良さ、働く魅力、他社との違い、
会社の大変なところも知ったうえで、共感して応募してくれた人　＝　定着し活躍する人

今働いている社員へのインタビューが **超 超 超大事**

（全社員にインタビューしましょう！！）

　２つ目のポイントは、実際に自社で働いている人へのインタビューです。

①働く魅力は社員が一番知っている
　採用活動のゴールは、「自社に定着して、活躍し続けてくれる人材」を確保することです。実際に定着して活躍している方は、以下を知ったうえで働き続けてくれています。

- 会社が持つ本当の良さ
- 働く魅力
- 他社との違い
- 大変なところ　など

　つまり、自社で働く魅力は、「今まさに自社で働いている人」に聞くのが最も手っ取り早く、かつリアルな声を拾えるのです。筆者も１つの職種で最大８人ほどインタビューし、松竹梅全パターンの傾向をまとめています。採用したい職種の従業者が10人〜15人程度であれば、全員に聞くくらいの気持ちでインタビューすることをおすすめします。

②働くうえでの魅力がわからなければ、求人原稿で訴求できない

　実は、「今働いている人たちが、自社のどこに魅力を感じているかわからない」という社長は少なくありません。特に、2代目以降で世代交代した社長にその傾向が強いと感じています。筆者が今まで採用支援した会社を振り返ると、約3割が、世代交代から2年以内の社長や後継ぎ予定の役員（ご子息）でした。

　親から継いだがゆえに、事業に対する誇りを自覚しにくく、自社の魅力を言語化できない傾向があります。自社で働く魅力がわからなければ、魅力的で刺さる求人にはならないでしょう。

　実際、筆者が採用支援した広島県の食品会社では、「社員の声を聞きたい」とインタビューに社長が同席しました。ある女性社員に働くやりがいについて尋ねたところ、以下のような回答がありました。

- 「いつも行っているスーパーの冷凍食品コーナーに、自分が作ったものが並んでいるのを見ると、自分が作ったものだ！とわくわくする」
- 「逆に、他社のライバル商品はどうなのかなって見るのも楽しい」

　女性社員の話を聞いた社長は「うちのスタッフって、そんなふうに思ってくれていたんだ」と嬉しそうな顔をしていたことを覚えています。

　このようにインタビューを通じて新たに見つかる自社の魅力や大変さも、求人原稿を書く際のヒントになるでしょう。

8　釣り竿を変えて採用に成功した事例

　ここでは建設設備の営業職を例に、主に釣り竿（求人原稿）の部分を変えて採用成功につながった例を紹介します。

（1）改善前（Before）の求人原稿

　まずは、筆者が書き換える前の求人原稿を見てみましょう（**4-5**）。筆者とはまた別の採用のプロが書いたものです。

4-5

■具体的には■
「現場同行・見積もり・提案実施・立ち合い・入金回収」までの一連のお仕事をお任せします。

営業先は法人企業がメイン。個人の裁量権が大きく、伸び伸びと働きたい方にぴったりの環境です◎

■新たな挑戦を応援します■
「提案営業には興味はあるけれど、営業自体初めて、、、」
「この業界自体も初めてで、活躍出来るか不安、、、」

そんなお悩みをお持ちの方もご安心下さい。先輩社員が親身に手厚くフォロー致します。弊社では、入社1か月から3か月までは研修期間と定め、「観る」ことと「実践する」ことを実現することで、一人前の営業に育成します。

具体的には、
先輩社員クライアントへの同行・提案手法・対応方法・専門用語等を学びます。
担当クライアントの先輩社員同行・提案漏れが無いかの確認や補足等を行います。

また、社内では常にクライアントの状況を相談できる環境が整っています。
その為、提案内容に困る事はありませんので、クライアントの様々な不満・不安を持ち帰ってくることから始めましょう！

■入金業務が不安、、、■
弊社のクライアントは長年お付き合いのある企業様が多いです。

その為、相互に信頼を深めており、未入金状態になることはほとんどありません。

仮にあったとしても、ご状況を確認することで、トラブルになるようなことはございませんので、ご安心下さい。

■事業内容■
業務用エアコン・空調工事・店舗設計施工
東京証券取引所 プライム一部上場　███████████100%子会社

第4章　戦略力（釣り理論）　131

アピールポイント：
■6つのアピールポイント！■

①安定した給与
30代後半で年収1000万円！

<給与例>
年齢：30代後半
勤務年数：7年
役職：部長
年収：1000万円

②上場の大手グループ企業で安定安心
東京証券取引所 プライム一部上場 ███████████████
23期連続で業績は右肩上がり！コロナ渦でも業績も落ち込みませんでした。

③今後も引き続き、成長見込み
空調システムは定期メンテナンスが発生するため、需要が下がることはありません！
また、法人顧客がメインなので不況時にも影響は受けにくいです。

④若いスタッフが活躍中！
30代のスタッフが多いため、のびのび仕事を進められます！

⑤高卒×第二新卒など歓迎！
学歴不問・未経験でも1年目から年収400万スタート！
一緒に仕事を覚えていきましょう！（高卒×第二新卒で活躍している仲間がいます！）

⑥転勤無で地元で働ける！
本社勤務で転勤なし！
Uターン就職も応援※お気軽にご相談ください！

　パッと見た限りは、「しっかり書かれている」という印象を持つ方も多いのではないでしょうか。しかし、実際に応募が来たのは３か月で１件〜２件で、採用にはいたりませんでした。そこで筆者に声がかかり、求人原稿の改善に取り組むこととなりました。

（２）求人原稿を改善させる前に取り組んだこと

　求人原稿を改善させる前に取り組んだのは、以下の２つです。

- 公開調査データの把握
- 社員インタビュー後に求人項目を抽出

それぞれ詳しく見ていきましょう。

①公開調査データの把握

公開調査データでは、以下の４つをチェックしました。

ア　営業経験者が転職を決意した理由
イ　営業経験者が仕事で大事にしているポイント
ウ　若手社員が企業選択時に重視するポイント
エ　若手社員が行きたくない会社

ア　営業経験者が転職を決意した理由
4-6

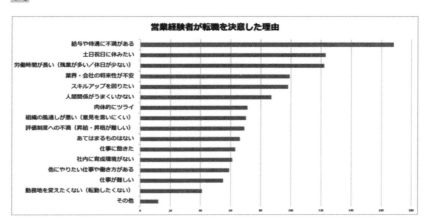

（出典）エン転職「【2023年版】営業採用のコツとは？成功率アップのポイントと事例を解説！」より
https://saiyo.employment.en-japan.com/blog/eigyo-kotsu
※エン・ジャパンは自社で運営する転職サイト『エン転職』を通じて、採用ノウハウを伝えている。以下、図4-7も同じ。

第４章　戦略力（釣り理論）　133

営業経験者が転職を決意した理由で最も多かったのは、「給与や待遇に不満がある」でした（**4-6**）。特に給与が多い・少ないという感覚はもちろんですが、「自分の働きに見合っているか」という納得度が影響していると推測されます。

　「土日祝日に休みたい」「労働時間が長い」も、トップ３に入っています。営業職の場合、以下のような勤務実態が「転職したい」という気持ちを大きくさせていると聞きます。

- 休みに関係なく、電話がかかってくる
- 外回りをしたあと、夜に資料作りをする必要がある
- 時期によっては、企画書の納期がかぶって非常に忙しい
- サービス残業が多い　など

　また、「業界・会社の将来性が不安」が４位に入っています。例えば、ガラケーやFAX機を販売する営業職からすれば、「これからも売り続けるのは難しいのでは」と不安になるのは容易に想像できます。

　さらに、転職を決意した理由としては以下も影響しているようです。

	転職者の気持ち（例）
5位：スキルアップを図りたい	「売れているけれども、なんとなくルーティン化してきたな」 「将来を考えると、もっと別のスキルをつけないといけないんじゃないかな」
6位：人間関係がうまくいかない 8位：組織の風通しが悪い	「あの人の言うことは絶対で、意見を言えないのは嫌だな」
7位：肉体的につらい	「運転が多いの、疲れるな」 「ルート営業で毎日10社回るの、なかなかしんどいな」

　営業職は上記の点について、転職先ではどうなのかを注目して見ているとわかります。そのため、求人原稿においても、転職者の不安や疑問を払拭するような記載が必要だと筆者は考えました。

134　基礎編－採用攻略法「釣り理論」の徹底解説－

イ　営業経験者が仕事で大事にしているポイント
4-7

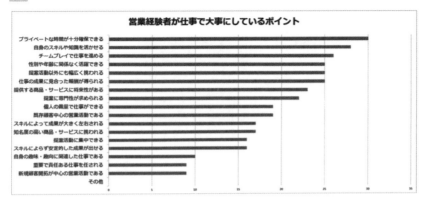

（出典）エン転職「【2023年版】営業採用のコツとは？成功率アップのポイントと事例を解説！」より
https://saiyo.employment.en-japan.com/blog/eigyo-kotsu

　営業経験者が仕事で大事にしているポイントは、転職を決意した理由の裏返しでもあります（4-7）。

- プライベートな時間が十分確保できる
- 自分のスキルや知識を活かせる
- チームプレーで仕事を進める
- 性別や年齢に関係なく活躍できる
- 提案活動以外にも幅広く携われる　など

　今までやってきたことが活かせる職場で「あなたみたいな経験がある人に来て欲しかったんです」と言われたほうが、自分に向いてる・頑張れそうと思えますよね。また、自社にしか作れないなど、提供する商品・サービスに将来性がある点も重要です。このような項目の中から、「うちの会社だったら、ここが強みといえそう」という部分をピックアップします。

第4章　戦略力（釣り理論）　135

ウ　若手社員が企業選択時に重視するポイント

4-8

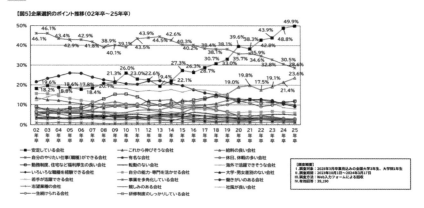

（出典）株式会社マイナビ「マイナビ 2025年卒大学生就職意識調査」より
https://career-research.mynavi.jp/wp-content/uploads/2024/04/3daefb4ab144d4c7c373e0d31eb7fa70.pdf

　本事例で採用したいのは若手社員であったため、「若手が転職する際、何を気にするのか」も調査しました。上記調査は、2002年卒（現在では40代の方）から毎年実施されている新卒学生の意識調査です。最新データである2025年卒の回答者数は、約４万人でした（4-8）。

　若手社員が企業選択時に重視するポイントとして、長らく１位だったのは「自分のやりたい仕事（職種）ができる会社」です。例えば、営業の仕事に就きたくて証券会社に行くか、商社に行くかなど悩む時代でした。携わりたい仕事内容が先にあって、「ではどの会社に行こうか」というのが、従来における企業選択の流れだったのです。

　ところが、コロナ禍前後付近から、「自分のやりたい仕事（職種）ができる会社」の重要度は下がる一方で、代わって１位になったのが、「安定している会社」です。筆者が製造工場の新卒採用をサポートした際は、アピールポイントを「会社、仕事の安定性」に振り切ったときもありました。その結果、銀行の内定を蹴ってまで製造業に入社した新卒学生もいます。筆者の世代では考えられませんが、安定性を感じられるなら銀行ではなく工場を選ぶこともあるのが、今の20代です。

136　基礎編－採用攻略法「釣り理論」の徹底解説－

後日談として、その学生が内定を蹴った銀行は2年後に経営統合されました。

もちろん、第3位に挙げられているように、給与の高さを重視する若者も一定数いますが、「いかに安定しているか」をプレゼンする必要があると強く感じた事例でした。

エ　若手社員が行きたくない会社

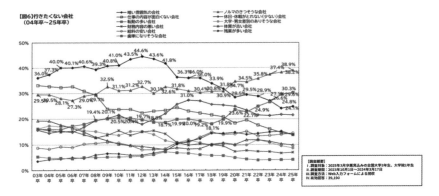

（出典）株式会社マイナビ「マイナビ2025年卒大学生就職意識調査」より
https://career-research.mynavi.jp/wp-content/uploads/2024/04/3daefb4ab144d4c7c373e0d31eb7fa70.pdf

若手社員が行きたくない会社で長らく1位だったのは、「暗い雰囲気の会社」です。今の30代・40代の社員は暗い雰囲気の会社が一番嫌だったのに対し、今の20代は「ノルマのきつそうな会社」を避けたがります（4-9）。営業職といえば、ノルマのイメージが強いでしょう。しかし、具体的な想像は学生によって異なります。例えば、目標をノルマと思う方もいれば、「お前はどれだけやったのか！」と詰められるようなイメージを持つ方もいます。その分、ノルマがある場合は目標なのか、どのような進め方をするのかなどを明確に示すことが必要です。

また、第2位は「転勤の多い会社」となりました。実際、銀行員さ

第4章　戦略力（釣り理論）　137

んと話をすると、「昔は結婚や家を建てた頃合いに転勤を命じられたものだけど……同じように転勤を指示してしまうと、今の若手は辞めてしまう」とこぼしていました。そういう意味では、大手よりも拠点がばらけていない中小企業を好む若手も多いです。

このように、若手社員が行きたくないのは、主に「大変そう」「きつそう」「飛ばされそう」と思うような会社です。だからといって、実情と乖離した嘘をついてもミスマッチが起きます。そのため、求人原稿では実態を正直に伝えつつ、安心感を与えられるよう書き方を工夫する必要があるのです。

②社員インタビュー後に求人項目を抽出

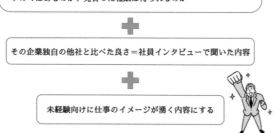

公開調査データからは、若手や営業職が重視する点がわかりました。
- 給与・待遇
- 休日日数
- 将来性・安定性
- 人間関係
- 業務の進め方
- ノルマの有無
- 評価制度　など

上記を踏まえ、企業独自の良さを知るために社員インタビューを実施しました。

　そして公開調査データと社員のインタビューを参考に作ったのが、改善後（After）の求人原稿です（**4-10**）。

　ここでもう一度、改善前（Before）の求人原稿を振り返ってみましょう（**4-5**）。例えば、「現場同行・見積もり・提案実施・立会い・入金回収までの一連の仕事をお任せします」と書かれていても、未経験の方はイメージが湧きにくいものです。「若いスタッフが活躍中！ 30代のスタッフが多いため、のびのび仕事を進められます」という文言から、チームプレーや人間関係がわかるでしょうか。「営業成績はそのまま賞与に直結するため、100万円以上の実績も多数」だと、ノルマがきつそうに感じかねません。

　確かに各所がしっかり書かれた求人原稿ではあるものの、未経験の若手には刺さらない内容といえます。そこで筆者は、未経験の若手でも仕事のイメージが湧くよう、次のように改善しました。

第4章　戦略力（釣り理論）　139

（3）改善後（After）の求人原稿

　こちらが、筆者が改善した求人原稿です（4-10）。冒頭から順に見ていきましょう。

①仕事内容

4-10

お仕事内容

仕事内容：
【既存のお客様への提案営業】未経験者歓迎！

◆月給30万円～スタート可！◆
◆転勤ナシ！地元で働ける！◆

製造工場・商業店舗・病院・学校などを中心に、空調設備の建築修繕などの提案営業を担当します。基本的に既存顧客への提案営業のみで、飛び込み営業はありません。

顧客の要望・お困りごとは様々。私たちはその状況を深く理解し、最適な提案を行います。経験豊富な社員がチームを支えており、共に成長できる環境です。

お客様との信頼関係を築き、一緒に課題解決に取り組む喜びを味わいましょう。取引のある既存顧客への提案なので、安心してチャレンジできます。

転勤もないので、ゆっくりと顔と名前を覚え、お客様との関係を深めていきましょう。成長を支える環境で、一緒に働きませんか？

【具体的な仕事内容】
当社の営業は、顧客とのコミュニケーションから始まり、具体的な提案へと繋がります。以下は病院の既存顧客に対する実際のケースです。

１．ヒアリング
病院から夏場の暑さ対策に関する相談を受けたため、顧客のニーズを正確に把握するため、すぐに丁寧なヒアリングを行いました。
２．現地訪問と点検
技術スタッフとともに現地に訪れ、現状確認、要因を抽出。経年劣化や温暖化の影響で能力不足が原因だと判明。
３．提案
顧客の要望に応えるため、エアコン増設とより効果的な換気システムとの連動を提案。さらに、コロナ対策や補助金の取得も可能なプランを提示しました。

140　基礎編－採用攻略法「釣り理論」の徹底解説－

4．成果
今回は、スピード対応が求められたため、顧客からはエアコン増設のみの受注となりました。

このように、顧客の声をしっかりと受け止め、迅速かつ最適な提案を行うことが私たちの仕事です。既存顧客を訪問し、ときには世間話や身の上話をしていただいた案件に迅速確実に対応することで、顧客との信頼関係を築いています。また、個人の裁量権が大きいため、自分のアイデアを活かして業務に取り組むことができます。

　具体的な仕事内容や流れを記載しており、「現場同行・見積もり・提案実施・立会い・入金回収までの一連の仕事をお任せします」よりもイメージが湧きやすいのではないでしょうか。

②入社後の流れ

`4-11`

＜入社後の流れ＞
・1ヶ月目：
入社後、OJTで業務内容、流れ、書類、決裁の範囲など説明します。先輩の同行のもと、業務の流れや基本的なスキルを習得します。
・2ヶ月目：
営業と技術の連携や業務内容の確認を行います。営業と技術の協力体制を理解し、業務に必要な知識やスキルを深めます。
・3ヶ月目：
信頼関係のある顧客から徐々に業務を引き継ぎながら、訪問やヒアリングを進めます。現場での経験を通じて、仕事を実践しながら成長していきます。

※当社は幅広い商材、施工を受けており、入社後は現場での実践を通じて業務を習得していただきます。フォローは常に行いますが、全ての業務を一から教えることは難しいため、実務経験を通じて成長していただきます。

　入社後の流れについても、改善前の原稿では「入社1か月から3か月までは研修期間と定め、『観る』ことと『実践する』ことを実現することで、一人前の営業に育成します」とありました。抽象度が高い概念としては合っていますが、具体的に何をするのかがわかりません。そこで、`4-11`のように成長のステップがわかる形へ書き換えました。

第4章　戦略力（釣り理論）　141

③アピールポイント

4-12

アピールポイント：

◆高い将来性◆
当社は幅広いジャンルの法人との取引で、景気に左右されず安定した業績を誇っています。業種、会社規模、ジャンルが異なると要望も変わってくるため、幅広い経験を積むことができます。
地場大手企業を中心とした取引なので、長期的な信頼関係を築き、安定したキャリアを描ける環境が整っています。

◆経営基盤の安定◆
当社は一部上場企業の子会社であり、安定した経営基盤を持っています。社員一人ひとりが安心して働ける環境を整え、将来への不安を感じることなく、安定したキャリアを築くことができます。
未経験からのスタートでも、安心して成長できる環境が整っています。経験者はもちろんのこと、未経験者でも安心して始められる環境が整っています。経験を積みながら、将来のキャリアを描く第一歩を私達と一緒に踏み出しましょう！

　アピールポイントでは、若手が重視する将来性・安定性を中心に記載しています（**4-12**）。本事例の企業は幅広い業種業界と取引をしておりましたので、「たとえ特定の業界の景気が悪化しても、別業界との取引は安定して続けられる」など、業界の景気に左右されない点をアピールしました。

④こんな人にオススメ

4-13

＜こんな人にオススメ＞
・今の会社で自分の能力や価値が評価されず、キャリアの限界を感じている方
・スキルや経験をさらに広げたいと考えている方
・今の業界や会社の将来に不安を感じている方
・安定かつより多くの収入を得たいと考えている方
・自分の努力や成果がしっかり評価される会社で働きたいと考えている方

もし自分がキャリアの成長に停滞を感じていたり、評価されていないと感じているなら、当社はあなたにぴったりの会社です。私たちはスキルや経験の習得を支援し、収入の安定を提供します。また、あなたの成果や貢献をしっかりと評価し、おもに貸与・年収面でしっかり還元いたします。自分の将来に漠然と不安を感じている方、ぜひ一度お話ししましょう。

「こんな人にオススメ」では、確かな評価制度や給与への還元など、若手の営業職が重視する点を盛り込みました（**4-13**）。実際、本事例の企業では、副社長の人柄が素晴らしく、従業員1人ひとりの仕事ぶりをきちんと見て評価しているため、事実として自信をもって求人へ記載ができます。

⑤あなたのこんな経験が活かせます
4-14

<あなたのこんな経験が活かせます!>
例えば・・・
技術・エンジニアリング系営業:
・空調関係営業
・電気関係営業
・建設関係営業
・機械設備営業
・自動車関係営業
専門商材営業:
・医療機器営業
・MR(医薬品営業)
・金融営業
・証券営業
・生命保険営業
・食品営業
・日用雑貨営業
・IT営業
建設・施工系:
・工務店
・施工管理

不動産・設備管理:
・不動産営業
・ビルメンテナンス

　活かせるスキルは、広告・人材・サービス業や商社・小売の例も記載しました（**4-14**）。このように多様な選択肢を示すことで、求人原稿を見た転職者が「自分の経験が活かせそう」「自分に合っているかも」と思えるように工夫しています。

第4章　戦略力（釣り理論）　143

⑥一緒に働く仲間

`4-15`

<一緒に働く仲間>
当社には現在26名の社員が在籍しており、営業部と技術部が連携して法人のお客様に提案から施工までを担当しています。

営業部は、40代が3名、30代が3名で男性が4名、女性が2名在籍しています。面倒見の良いベテランの先輩が多い部署で、新入社員もしっかりサポートしてくれます。

技術部は、50代が2名、40代が2名、30代が3名、20代が1名在籍しており、若手からベテランまでバランスが良く、風通しの良い部署です。技術部のメンバーはお客様の要望に応えるために技術力を磨きながら、チーム全体で協力し合っています。

直近入社の方々も、多様な経験を持っています。39歳の男性は不動産営業の経験を持ち、社員紹介で入社されました。また、41歳の女性はビルメンテナンスの会社で設備メンテナンスから清掃業まで幅広く経験されており、求人サイト応募で入社されました。彼らも早くチームに馴染み、活躍してくれています。

求める人材:

<タイプ>
・お客様のご要望や意図をくみ取り、お客様にとって最善の対応を考えようとすることが出来る方
・スケジュール管理や調整能力を持っている方
・お客様や周りの人たちとのコミュニケーションの頻度と質を大切にできる方

　「一緒に働く仲間」の欄では、人間関係がわかるように具体的な年齢層や在籍数のほか、性別も載せています（`4-15`）。「チーム全体で協力し合っている」など、チームプレーの様子が感じられる点も重要です。また、転職者の前職にも触れることで、「未経験でもやれそう」という前向きな気持ちを引き出す原稿になっています。

⑦Ｑ＆Ａコーナー

4-16

<Q&A コーナー>

Q：プライベートな時間はなにをしていますか？

A：休日や休暇を利用して、旅行や趣味、家族との時間を大切にしています。これは、仕事のパフォーマンスを向上させるためにも重要です。繁忙期には柔軟性が求められ、必要に応じて営業活動や情報収集のために出勤することもあります。これは社内の役割分担を明確にし、業務を効率化するための取り組みです。その際、任せるべき業務を適切に委任し、連携を図ることで営業力やスキルを向上させています。

Q：人間関係はどうですか？

A：当社では、約30人程度が一つのフロアで働いており、風通しの良い環境で派閥などはありません。営業と技術系社員が協力し、お客様からの案件を受注し、完工まで連携しています。管理面では施工だけではなく「安全」品質含めサービスの向上を重視し、高品質なサービスを提供することで、お客様から信頼され、リピート案件を獲得することを理念としています。

Q：給与制度や評価制度はどうなっていますか？

A：当社は昨年、　　　　　　　　　　（東証一部上場）のグループに加入し、給与制度や評価制度の改善に取り組んでいます。実績のある社員には、成果を評価し、賞与として還元しています。また、経験の浅い社員には業務への姿勢、取り組み方などの過程、将来性を含め適切に評価しています。これは、当社の文化として胸を張ってお伝えできる取り組みです。

Q：休日や残業はどのように管理されていますか？

A：労務管理の改善に努めており、より働きやすい環境を提供することを約束します。社員とその家族の満足度を向上させるため、努力を続けています。

　求職者の疑問をさらに解決するために、Q＆Aコーナーも設けました（4-16）。目標・ノルマや今後の見通し、身に付くスキルなどについても言及しています。社員へのプライベートに関する質問も含めることで、社員の価値観や考え方などが垣間見え、価値観の近い方に響く効果的な一手となります。

⑧先輩スタッフからの一言

4-17

先輩スタッフからの一言

＜スタッフインタビュー＞
Sさん (入社時35歳)
○入社の経緯
スカウトを通じて入社をしました。新しい挑戦をしたいと考え、会社のビジョンと合致
したため、転職を決意しました。

○仕事のやりがい
・お客様と社員への還元
お客様からの感謝の声はもちろん、その成果を社員 (家族) へ還元する文化があります。
仕事を通じて得られる喜びは倍増します。

・個人の裁量
当社では、多くの業務を個人の裁量に任されています。それに伴う責任は大きいですが、
それだけにやりがいと充実感を強く感じることができます。

○仕事の大変な点
・スケジュール管理の難しさ
常にお客様を優先し、細やかな調整が必要なため、日々スケジュール管理には頭を悩ま
せます。取り扱う商材は幅広く、工事からメンテナンスまでの対応範囲の広さは、優先
順位を明確に設定し行動する必要があることを意味しています。

・迅速な対応の重要性
特に老人施設や医療関係のお客様の場合、空調の故障は命に関わることも。常にお客様
にとってベストな対応を考え、速やかに行動する必要があります。

　最後に、実際に働いている人の声として「先輩スタッフからの一言」
を盛り込みました（**4-17**）。仕事のやりがいといった良い面ばかりで
はなく、大変なところもきちんと示しているところがポイントです。

（4）求人原稿を改善した結果

　給与などの条件を変えずに求人原稿の中身だけを改善した結果、5
名〜6名の応募がありました。そのうち、1名（24歳）の入社が決ま
りました。

入社した方は、もともとホームセンターでウォーターサーバーの営業に携わっていました。将来性に不安を感じて転職を決めたものの、人と話す接客や営業という仕事内容は好きだったということで、別ジャンルの営業職として再スタートすることを決めたのです。

　第4章第1節で解説した松竹梅でいうと、梅の人材です。若手が入って来たことでマネジメント体制の見直しも実施され、執筆時点で1年半が経過した現在もしっかり活躍しているとのことです。

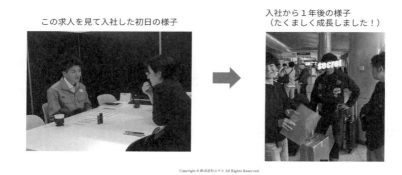

副社長から筆者へのライン

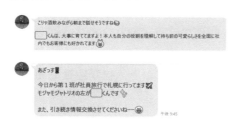

　この連絡をいただき筆者はとても嬉しかったです。

第4章　戦略力（釣り理論）　147

9　まとめ

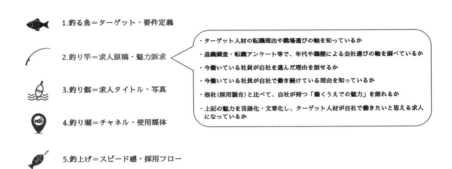

釣り竿について重要なポイントは、以下の6つです。

- ターゲット人材の転職理由や職場選びの軸を知っているか
- 退職調査・転職アンケート等で、年代や職種による会社選びの軸を調べているか
- 今働いている社員が自社を選んだ理由を話せるか
- 今働いている社員が自社で働き続けている理由を知っているか
- 他社（採用競合）と比べて、自社が持つ「働くうえでの魅力」を語れるか
- 上記の魅力を言語化・文章化し、ターゲット人材が自社で働きたいと思える求人になっているか

「求人応募がなかなか集まらない」という会社は、上記をきちんと評価・実行できているか、1つずつ振り返ってみましょう。

第3節

釣り餌（求人タイトル・写真）

採用を釣りに例えると・・・

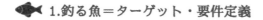

1. 釣る魚＝ターゲット・要件定義
2. 釣り竿＝求人原稿・魅力訴求
3. 釣り餌＝求人タイトル・写真
4. 釣り堀＝チャネル・使用媒体
5. 釣上げ＝スピード感・採用フロー

　釣る魚・釣り竿に続いて、**第3節**では釣り餌（求人タイトル・写真）について解説します。釣り餌のように、食いつきたくなるような写真やタイトルとはどのようなものでしょうか。

1 写真とタイトルを変えるだけで人気求人へ？

まずは製造業の未経験者向け求人を例に、写真とタイトルの重要性について見ていきましょう。

（1）写真とタイトルのバリエーションを増やす

同じ職種・条件の求人でも、写真とタイトルを変えるだけで閲覧率や応募率が改善するケースがあります。改善の秘訣は、写真とタイトルのバリエーションを増やして、ABテストを行うことです。

①ABテストで各求人の反応率を見る

ABテストとは、マーケティングの分野でよく用いられる手法です。例えば、Web広告で商品説明の文言を変えたA案とB案を出稿し、どちらのほうがユーザーからの反応がよいかを見ます。最終的に反応率が高い文言を使って新規広告を本格的に運用、あるいは既存広告を改善するという流れです。

求人もABテストを実施すると、掲載内容によって反応の良し悪しが変わります。実際、上図のうちⅡ・Ⅲは成果が上がらず、Ⅰに4人の応募があり、「人気」表示も付きました。

②写真やタイトルを変えると、求人に対する印象も変わる

　成果に差が生まれた要因は、写真やタイトルから感じる印象が異なるためです。ここからは想像ですが、製造業を経験している方からすると、「機械オペレーター」という職種はごく当たり前に感じ、未経験者の方からすると、「難しそうな職種だな」「写真でも、複雑そうな機械をいじっているし……」と感じたのではないでしょうか。一方「金属加工スタッフ」の求人では、「金属を曲げたり、切ったりする仕事かな」「写真でも先輩が教えてくれているし、未経験の自分でもできそう」と感じる方が多くなったのかもしれません。

　このように求人の中身は同じでも、写真とタイトルを変えるだけで印象は大きく異なる可能性があります。そのため、釣り竿（求人原稿）を改善する場合は、求職者に見てもらう機会を増やせるよう、釣り餌（求人タイトル・写真）も同時に見直しましょう。

　なお、求人媒体によっては、同じ内容の求人を複数のバリエーションで出稿することを禁じている場合もあります。また、Indeedのように、似たような求人を出すと類似のものとしてまとめられるケースもあります。出稿媒体のルールを守りながら、できる範囲で釣り餌の改善に取り組みましょう。

（2）社員インタビューの内容も反映させる

先ほどの金属加工スタッフの求人では、応募は集まりましたが、い
ずれの方も 40 代や 50 代でした。そこで「やはり若手にも来てほしい」
となったため、現在活躍している若手社員にインタビューすることと
なりました。

　筆者が現地へ赴いてインタビューしたのは、上図Ⅱの写真に映る両
端の若手社員です。右の方は30代半ばで、同社での勤務期間は 5 年ほ
どです。前職の派遣の会社で働いていたときは、「言われたことだけ
やって」という雰囲気でモチベーションの低下を感じていました。し
かし、同社に転職後は「もっとこうしたほうがよいのでは？」という
声をきちんと拾ってもらえるようになり、モチベーションが上がった
とのことです。実際、業務の改善も進み、「自分の存在意義を感じら
れて、やりがいがある」と話してくれました。

　左の方は、「経験の有無や器用・不器用関係なく、一生懸命頑張る
人を応援してくれる会社の風土です」と、未経験者の背中を押してく
れるような話もしてくれました。そのため、新しい求人では「若手の
未経験者もあたたかく受け入れ、1 人ひとりが頑張れる職場」という
印象を与えられるよう、写真や求人原稿を変えています。具体的な仕
事内容をイメージしやすいよう、求人媒体の上限枚数いっぱいまで写
真を掲載しました。その結果、27歳の男性から応募があり、無事に入
社が決まっています。

（3）タイトルでは「どのような職種か」を一言で表す

　求人のタイトルでは、職種だけではなく、会社の良さやイメージが伝わる文言も載せましょう。上図のように一言添えるだけで、閲覧数が大きく増える傾向にあるためです。

- 人間関係で悩まない（Ⅰ）
- 未経験枠（Ⅰ）
- 都内メイン 直行直帰可（Ⅱ）
- 土日祝休み /YKK AP 地域トップシェア（Ⅲ）　など

　このように求人は出稿したら終わりではなく、テストをする、応募の状況を見ながら変えていくなどの工夫が必要です。詳しくは**第5章**「改善力」で解説するので、そちらもあわせてチェックしてみてください。
　また、職種名はシンプルでないと掲載されないルールの求人媒体もあります。ルール自体も変化していくので、最新のルールを調べて適応していきましょう。

2　給与設定も重要

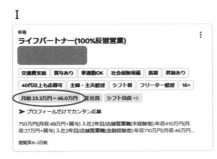

　給与情報も求人一覧の画面で表示されるため、重要な釣り餌の1つです。給与設定に関するポイントは、以下の2つが挙げられます。

　（1）経験者は給与の下限を見る
　（2）給与設定が異なるなら求人を分ける

それぞれ詳しく見ていきましょう。

（1）経験者は給与の下限を見る

　例えば、上図Ⅰのように「月給23.3万円～46.0万円」と設定された求人があったとします。採用側の意図としては、「未経験者は23.3万円、経験が豊富で即戦力として活躍してくれそうな方は46.0万円」となるでしょう。しかし、中堅層レベルの経験がある方が、この求人を見た場合を考えてみてください。

　多くの方は下限の23.3万円を見て、「自分の経験からすると給与が低いし、実際にいくらもらえるかわからないな」と感じて応募につながらないこともあります。実際、給与が25万円～30万円とあった求人に応募したところ、「何も言われずに25万円からスタートすることになり、給与交渉しておけばよかった」と話していた転職者もいました。

このように経験者は給与の下限にも注目するため、求人においても現状に合わせた明確な記載が必要になります。

（2）給与設定が異なるなら求人を分ける

経験の有無や程度によって入社時の給与が異なる場合は、初めから求人を分けましょう。例えば、筆者は広告代理店子会社のBPO提案営業に関する求人で、以下の2パターンを作成しました。

職種名	広告代理店の企画営業 （既存顧客のみ）（Ⅰ）	BPO提案営業（Ⅱ）
ターゲット	BPO未経験ではあるものの、広告代理店での営業経験がある方	BPOの経験がある方
給与の下限	30.0万円〜	37.5万円〜
実際の応募者	印刷会社でディレクターをしていた30代半ばの方	BPO経験が豊富な40代の方

例からもわかるとおり、応募者の層も求人の書き方でまったく異なってきます。**第4章第1節**で解説した「松竹梅」のようにターゲット人材が複数いる場合は、給与設定もそれぞれ書き分けましょう。

3 写真だけ変えても効果抜群

求人に載せる写真のポイントは、以下の２つです。

（１）写真に写る方と同じ層からの応募が多い
（２）写真撮影のコツを押さえよう

それぞれ詳しく見ていきましょう。

（１）写真に映る方と同じ層からの応募が多い

職種：採用支援コンサルタント

Before
全23名応募（男性22名、女性1名）
応募者年齢の中央値　40.0歳

After
全25名応募（男性18名、女性7名）
応募者年齢の中央値　35.0歳

Ⅰ

Ⅱ

　上図は、筆者の自社採用で「採用支援コンサルタント」の求人に載せた写真です。Ⅰは筆者や男性の同僚がクライアントと対話している実際の打ち合わせシーン、Ⅱは筆者と女性の同僚が話し合いをしているシーンです。タイトルや中身を変えず、求人一覧に表示されるⅠの写真をⅡの写真に差し替えたところ、応募者の属性に次表のような変化がありました。

	応募総数	男女の内訳 （　）内は女性率	年齢の中央値
Before	23件	男性：女性＝22：1（4％）	40.0歳
After	25件	男性：女性＝18：7（28％）	35.0歳

　注目したいのは、写真に写った面々と応募者の属性がほぼ一致していた点です。Beforeの写真では男性のみが写っており、中央値も40歳でした。Afterの写真に写っている2人の平均年齢も、応募者の中央値と同じ35歳です。

　つまり、求人では写真に映る方と同じ層からの応募が多いと推測されます。逆にいうと、ターゲット人材と年齢などが近い方が写っていないと、求人に対する反応率が下がるということです。求人用の写真を撮影する際は、ターゲット人材を意識した被写体を選びましょう。

（2）写真撮影のコツを押さえよう

- トークを交えながら撮影をする
- 撮影者が楽しそうにする
- 「えいえいお〜」の振り付けと声かけを行ってもらう
- 「いないいないばあっ！」やってください
- 思いっ切りジャンプ＋ピースをしてもらう
- 「笑顔3割増しでお願いします」
- 5秒ほど連写する
- 大げさに褒める

　今までの内容で、求人に載せる写真の重要さについてはご理解いただけたと思います。では、そんな写真をどのように撮るかというお話です。プロカメラマンに依頼するのも1つですが、まずは手軽にできるスマホでの撮影をおすすめしています。

求人に載せる写真で最も大切なのは、「綺麗さ」よりも「リアルさ」です。実をいうと、採用支援コンサルタントのAfter写真（Ⅱ）は、カフェの店長にスマホで撮ってもらいました。

　Before写真はプロのカメラマンに依頼した分とても綺麗ですが、どこか「よそよそしさ」や「作りものっぽさ」が出てしまっています。もちろん、会社のパンフレットやホームページなどに掲載する場合は、プロのカメラマンがおすすめです。しかし、求人の写真は綺麗すぎても「自分には合わなそう」と敬遠されかねません。むしろ、スマホで撮るくらいのほうがリアルで親しみを感じる写真に仕上がります。

　とはいえ、「写真を撮らせてください」と従業員の方へお願いすると、大抵の方は緊張したり、恥ずかしがったりします。自然でリラックスした表情を撮るには、以下のポイントを押さえることで、笑顔を引き出しやすくなります。

- トークを交えながら撮影をする
- 撮影者が楽しそうにする
- 「えいえいお〜」の振り付けと声かけを行ってもらう
- 「いないいないばあっ！」やってください
- 思いっ切りジャンプ＋ピースをしてもらう
- 「笑顔3割増しでお願いします」
- 5秒ほど連写する
- 大げさに褒める

（貴重！）写真撮影マニュアル

　なお、写真撮影のポイントや具体例は、マニュアルでも確認できます。応募率が上がる写真を撮りたい方は、下記からマニュアルをダウンロードしてみてください。

URL：https://yu-mi.jp/book-tokuten/

第4章　戦略力（釣り理論）　159

4　まとめ

 1.釣る魚＝ターゲット・要件定義

 2.釣り竿＝求人原稿・魅力訴求

 3.釣り餌＝求人タイトル・写真

 4.釣り堀＝チャネル・使用媒体

 5.釣上げ＝スピード感・採用フロー

・ターゲット人材が見た時に、一言でなんの仕事かがわかる**職種名（タイトル）**になっているか
・職種タイトルやキャッチコピーに「この求人いいかも！」と惹きつける内容が書かれているか
・写真の1枚目で「もっと見てみたい！」と思ってもらえるか（好感がもてるか）
・働くイメージが湧く写真か。その求人媒体の上限枚数まで掲載されているか
・ターゲット人材の下限に合わせた給与設定になっているか
　（会社の最低給与が下限になっていないか）

釣り餌について重要なポイントは、以下の5つです。

- 職種名（タイトル）は、ターゲット人材が見たとき「どのような仕事か」がわかるものになっているか
- 「この求人いいかも！」と惹きつけるタイトルやキャッチコピーになっているか
- 写真の1枚目で「もっと見てみたい！」と思ってもらえるか
- 働くイメージが湧く写真か。その求人媒体の上限枚数まで掲載されているか
- ターゲット人材が想定する給与下限に合わせた金額設定になっているか

　釣り竿で工夫した求人原稿が効果を発揮するよう、釣り餌も丁寧に改善していきましょう。

第 4 節

釣り堀（チャネル）

採用を釣りに例えると・・・

- 1.釣る魚＝ターゲット・要件定義
- 2.釣り竿＝求人原稿・魅力訴求
- 3.釣り餌＝求人タイトル・写真
- 4.釣り堀＝チャネル・使用媒体
- 5.釣上げ＝スピード感・採用フロー

　戦略力の4つ目は、釣り堀（チャネル）です。**第3章**までに解説した求人原稿や写真タイトルを、「どこに掲載するか」という話になります。

1　求人媒体カオスマップ

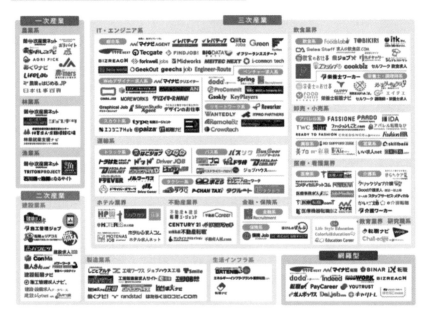

（出典）テックゲート「【2021年4月最新版】転職・就職サイトカオスマップを公開！」より
https://tecgate.selva-i.co.jp/blog/666/

　まず見ていただきたいのが、採用チャネルの多様さです。上図は現存する主な採用チャネルを、職種別・業界別・産業別で分けたカオスマップです。パッと見ただけでも多種多様で、「どれを使えばよいか、さっぱりわからない」という方も多いでしょう。

　実際、やみくもに予算を投じても採用できないだけではなく、応募も来ません。「求人広告に200万円使ったものの、応募がまったく来なかった」というケースがあるほどです。このような場合、釣れない場所で釣り糸を垂らしている状態といえます。

　せっかく釣り竿などを改善したとしても、釣り堀が合っていなければ何も釣れません。自社が採用したいターゲット人材はどのチャネルに多いか、どのように使い分ければよいか、本節で1つずつ理解を深めていきましょう。

2　SNS採用の向き・不向き

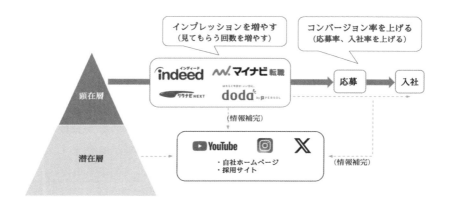

　近年流行している採用チャネルとして、SNSがあります。しかし、従来の方法で採用が上手くいっていないからといって、安易に飛びつくのは危険です。ここでは、SNS採用の特徴と現状について、以下の3つを見ていきましょう。

　（1）SNSは主に潜在層向け
　（2）コンバージョン率向上には寄与
　（3）将来的には主流になる可能性も

（1）SNSは主に潜在層向け

　結論からいうと、SNS採用は今すぐ取り入れるべき手法ではありません。SNSは転職を決意した人ではなく、「将来的に転職する可能性がある人＝潜在層」向けの手法だからです。例えば、転職しようと考えたとき、多くの方は求人媒体を見ます。転職先探しにXやYouTubeを見る方は、まだ多くありません。
　もちろん、企業の状況によってはSNS採用を取り入れたほうがよ

いケースもあります。実際、筆者もSNS採用を取り入れた支援事例があります。しかし、あくまでも先に取り組むべきは、釣る魚〜釣り餌の改善、つまりターゲット設定や求人原稿、写真タイトルの見直しです。釣る魚〜釣り餌に改善の余地があるにもかかわらず、安易にSNS採用を始めると成果が上がらず失敗してしまいます。

（2）コンバージョン率の向上には寄与

　採用活動において応募数を増やし、最終的に希望する人員数を確保するには、下表に挙げる2つの数値に着目する必要があります。

インプレッション数	求人を見てもらう回数
コンバージョン率	応募や入社に進む割合

　例えば、100人に求人を見てもらうと1人が応募する状況は、「インプレッション数100回」「応募のコンバージョン率1％」です。この状態で2人応募が欲しい場合は、インプレッション数とコンバージョン率、いずれかを上げる方法しかありません。

● インプレッション数100回の場合→コンバージョン率を1％から2％に向上させる
● コンバージョン率1％の場合→インプレッション数を100回から200回に増加させる

　SNS採用は潜在層向けですが、顕在層にも影響を与えるケースがあります。それは、上記における「コンバージョン率」の向上です。Indeedなど求人媒体などを見たあと、企業のHPに加えYouTubeやInstagramで職場の雰囲気などをチェックしてから応募する方もいます。

　逆にいうと、求人媒体に載せている求人そのものに魅力を感じなけ

164　基礎編−採用攻略法「釣り理論」の徹底解説−

れば、SNSの閲覧にもつながりません。SNS採用はコンバージョン率の向上には寄与するものの、インプレッション数向上には繋がりづらいのです。真っ先に取り掛かるべき採用手法ではない点に注意しましょう。

なお、自社サイトは、SNS採用の導入有無にかかわらず、求職者にとって重要な情報源となります。デザインや機能が古かったり、情報が更新されていなかったりすると、離脱が起こりかねません。求人原稿や写真などを改善する際は、求人からアクセスして閲覧する可能性がある自社サイトも、並行して見直しをかけましょう。

（3）将来的には主流になる可能性も

現状では優先度が低いSNS採用ですが、将来的には主流になる可能性があります。インターネットを使った検索方法が、時代とともに変化しているジャンルもあるためです。例えば、飲食店の検索は従来、食べログやぐるなびが主流でした。しかし、時代の流れとともに、Googleマップを使う方が増えました。近年では、Instagramでハッシュタグを検索し、店内やメニューの画像を見ながら探す方法が主流となっています。

飲食店の検索と同じように、転職時もSNSで会社を調べる時代が来るかもしれません。SNSでは1 to 1のコミュニケーションが可能なため、新卒などの若年層には一定の効果が見込める場合もあります。原則はターゲットがそのSNS（釣り堀）にいるかどうかです。執筆時点の2025年では求人媒体がまだまだ強い現状がありますので、釣る魚～釣り餌の改善をやりきったという自信がない会社は、SNSの活用によるコンバージョン率向上は優先度が低い策です。まずは、顕在層向けの求人媒体に出稿する求人を見直すことに注力しましょう。

第4章　戦略力（釣り理論）　165

3　各採用手法の課金タイミング

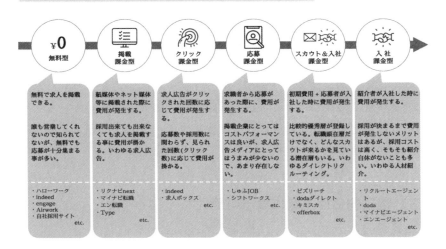

現代では多種多様な採用チャネルがありますが、課金タイミングで分けると上図のようになります。（現状と異なる可能性もあるため、詳しくは実際に各サイトへアクセスして調べてみてください）

　無料の媒体は営業がいないため、あまり知られていませんが、釣る魚〜釣り餌をきちんと改善していれば割と応募が集まります。応募課金型は、掲載企業にとってはコストパフォーマンスがよいものの、メディアの運営側にメリットが少ないため、徐々に数が減ってきている印象です。スカウト＆入社課金型は、いわゆるダイレクトリクルーティングです。比較的優秀な転職の顕在層が主な利用者ですが、「どのようなスカウトが来るか」と試している潜在層もいます。入社課金型は、求人の閲覧数や応募数がどれだけ多くなろうとも、入社が決まってから費用がかかるタイプです。いわゆる人材紹介サービスであり、紹介数が少なく、採用コストは高くなる傾向にあります。

　上記を踏まえると、経験者や有資格者を採用したいときは、入社課金型に近いチャネルがおすすめです。逆に、未経験者を採用したい場合や、あまり予算をかけたくない場合は、無料〜クリック課金型が向いています。

4 「待ちの釣り」と「攻めの釣り」

釣り堀（チャネル・使用媒体）を選ぶ際は、以下に挙げる2つの考え方を押さえることが大切です。

（1）待ちの釣り
（2）攻めの釣り

それぞれ詳しく見ていきましょう。

（1）待ちの釣り

無料媒体でも経験者や若手が採用できる

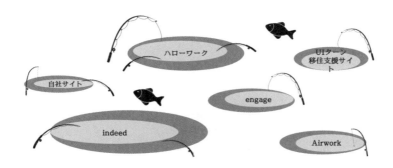

「待ちの釣り」とは、複数の無料媒体に釣り糸を垂らして、応募を待つ釣り方です。運やタイミングも関係するため、狙い撃ちは難しい傾向にあります。しかし、偶然求人を見た経験者が応募してくるケースが意外と多くあるのも事実です。筆者が支援した建設施工の会社では、求人サイト「engage（エンゲージ）」を通じて以下のような方を採用した例もあります。

第4章　戦略力（釣り理論）　167

- 42歳の経験者
- 土木と建築の１級施工管理資格を保有
- 行政と民間、双方の大型案件の経験あり

このように、複数の釣り堀に釣り糸を垂らすと、泳いでいた魚がふいに釣れる可能性もあるのです。**第４章第３節**で解説したように、同じ内容の求人にバリエーションを持たせてもよい媒体であれば、釣り糸をさらに増やして反応率をみるテストもしやすくなります。このように、無料の求人媒体でもできることは十分あるため、「お金をかけなければ採用できない」という考えは捨てましょう。

（２）攻めの釣り

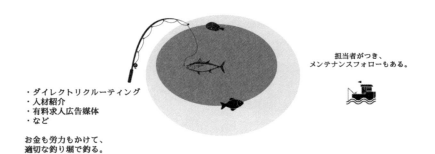

「攻めの釣り」とは「待ちの釣り」とは対照的に、お金をかけて魚がいるであろう釣り堀に行く方法です。

①有料媒体はシミュレーションが必須

攻めの釣りで使える具体的なチャネルとしては、主に次の３つが挙げられます。

- ●ダイレクトリクルーティング
- ●人材紹介
- ●求人広告　など

「確実に、いつまでに、こんな経験者を採用したい」という場合は、有料のチャネルを活用するのも１つの方法です。ただし、費用対効果についてシミュレーションも依頼して、その結果に納得できる場合にのみ使用しましょう。

　例えば、「ビズリーチだったら、○人位登録していて、○通スカウトを送ったら、○通返信がくるから、○人位なら採用できそう」というものです。シミュレーションしたうえで費用対効果がありそうだなと感じたら、有料媒体の利用価値は十分あります。

②有料媒体の良いところ・悪いところ

　有料媒体の良いところは、専任の担当者がついて、出稿後の改善にも対応してもらえる点です。一方で出稿後の改善については、企業側から依頼する必要があります。

　例えば、求人広告は掲載期間が１か月～２か月などありますが、その間に何回か内容を修正できることが多いです。しかし、求人広告の運営側は、掲載時点でお金をもらっています。そのため、担当者にとって求人内容を改善する動機づけやモチベーションがなく、積極的に修正を提案してくれるケースは少ないのです。

　だからこそ、企業側から「応募が来ないから、見直ししてください」「２週間に１回、ミーティングしてください」と頼み、きちんとメンテナンスやフォローをしてもらいましょう。

　また、ここではどの有料媒体が良くて、どれが悪いかなどの具体的な名言を避けますが、良し悪しは正直なところあります。

　シミュレーション以外にも次のような見極め方もあります。

- ●売り込みが強いところは避ける
- ●求職者の視点で「広島　正社員　求人」などとインターネットで調べて表示されるか確認する

第４章　戦略力（釣り理論）　169

5　ハローワークはやはり活用すべき？

　「ハローワークを使っているのに、応募がなかなか来ない」「ハローワークはもう誰も使っていないのでは」という話をよく聞きます。しかし、ハローワークも釣る魚〜釣り餌を工夫すれば、十分採用できます。ここでは代表的な釣り堀であるハローワークについて、以下の4つを解説します。

　（1）実態調査では「3分の1の転職者」がハローワークを利用して実際に転職
　（2）ハローワークを利用しても応募が来ない理由
　（3）応募が来る求人票のポイント
　（4）ハローワーク活用の鍵は「紹介」

それぞれ詳しく見ていきましょう。

（1）実態調査では「3分の1の転職者」がハローワークを利用して実際に転職

3　転職について
（1）転職活動の方法

　転職者が現在の勤め先に就職するためにどのような方法で転職活動を行ったか（複数回答）をみると、「求人サイト・求人情報専門誌・新聞・チラシ等」が39.4%と最も高く、次いで「ハローワーク等の公的機関」が34.3%、「縁故（知人、友人等）」が26.8%となっている（表17）。

表17　性・年齢階級・最終学歴・現在の勤め先の就業形態、転職活動の方法別転職者割合

（単位：%）令和2年

性・年齢階級・最終学歴・現在の勤め先の就業形態	転職者計	転職活動の方法（複数回答）								
		ハローワーク等の公的機関	民間の職業紹介機関	求人サイト・求人情報専門誌・新聞・チラシ等	企業のホームページ	企業訪問	出向・前の会社の斡旋	縁故（知人、友人等）	その他	不明
総　　数	100.0	34.3	14.8	39.4	15.1	2.6	7.0	26.8	8.5	0.6
前回（平成27年）総数	100.0	41.3	19.0	24.2	13.9	2.1	6.2	27.7	11.1	1.4
男	100.0	31.7	14.8	36.9	15.7	2.3	8.6	27.6	9.2	0.6
女	100.0	37.8	14.8	42.8	14.2	2.1	4.8	25.8	7.5	0.7
15～19歳	100.0	38.0	2.2	4.7	0.2	-	-	86.0	3.7	1.1
20～24歳	100.0	34.0	7.6	52.7	18.4	3.3	1.6	18.5	5.3	-
25～29歳	100.0	32.3	21.4	48.9	23.2	2.8	3.0	18.7	6.6	-
30～39歳	100.0	31.8	21.4	43.3	21.0	2.4	2.7	31.1	9.6	0.5
35～39歳	100.0	32.5	15.4	38.6	15.9	2.5	5.5	27.0	8.1	0.8
40～44歳	100.0	27.4	13.7	37.3	11.2	1.5	11.3	28.2	8.2	0.6
45～49歳	100.0	35.6	14.9	39.4	12.8	2.6	5.2	25.4	7.1	1.4
50～54歳	100.0	45.1	16.4	37.0	10.4	1.6	9.1	24.0	10.2	1.2
55～59歳	100.0	39.9	10.4	29.2	11.5	3.5	10.7	27.6	12.7	0.6
60～64歳	100.0	47.1	4.7	22.4	6.5	2.5	10.7	31.8	3.0	0.2
65歳以上	100.0	24.2	-	19.4	1.7	4.6	12.5	47.1	16.0	0.0

（出典）厚生労働省「令和2年 転職者実態調査の概況」より
　　　　https://www.mhlw.go.jp/toukei/list/6-18c-r02.html

170　基礎編－採用攻略法「釣り理論」の徹底解説－

ハローワークの利用状況は、厚生労働省の転職者実態調査を見ると
わかります。同調査は、転職者が現在の勤め先に就職するために、ど
のような方法で転職活動を行ったかを調べたものです。最も多いのは、
民間の求人サイト（39.4％）で、次に多いのが、ハローワーク等の公
的機関（34.3％）です。

　年代別に見ると、10代後半は38.0％、20代も32.3％〜34.0％の方が
ハローワーク経由で転職しています。つまり、ハローワークを使いこ
なせてない会社は、3分の1にあたる求職者を逃してしまっていると
もいえます。

　なお、ハローワークの利用率が高い理由には、雇用保険の失業等給
付（基本手当）が関係しています。基本手当を受けるためには4週間
ごとに2回以上の求職活動実績が必要であり、その都度ハローワーク
に通っている方が多いのです。特に地方に行けば行くほど、その傾向
は強くなります。

（2）ハローワークを利用しても応募が来ない理由

　ハローワークは利用者が多いにもかかわらず、自社の求人に応募が
来ない理由は、釣り竿（求人原稿）の質が低く、ターゲット人材の心
に刺さらないためです。

　例えば、介護福祉士の求人票で仕事内容を書くとしましょう。もち
ろん業務内容を記載しますが、単に仕事内容を列挙しただけではA
社もB社もほとんど変わりません。すると、結局のところ給与や休日
が比較対象となり、より条件が良い会社に求職者が流れてしまいます。
ハローワークの求人票でも、「この仕事をしてみたい」「この会社に入
社したい」と思えるような書き方の工夫が必要です。

第4章　戦略力（釣り理論）　171

（3）応募が来る求人票のポイント

①自社の強みを存分にアピールする

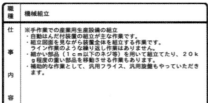

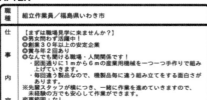

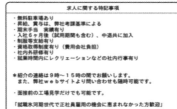

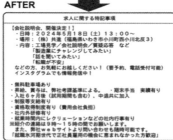

　ハローワークの求人票を書くうえで覚えておきたいのは、「NGとされる記載以外は、何を書いても大抵OK」ということです。ハローワークの求人票では、年齢や性別を限定する求人や、人権侵害・差別につながる求人などがNGとされています。しかし、それ以外であれば比較的自由に記載できるため、自社をアピールする絶好の場所となるのです。

　実際、4-18のようにハローワークの求人票を書き換えたところ、無事に採用につながりました。より会社の雰囲気を知ってもらえるように見学会を企画し、求人票の特記事項に記載しました。求人票内で、会社のInstagramアカウントのアピールもしています。このように、釣り竿を工夫すればハローワークでも応募を集められるうえ、採用コストを抑えることも可能となります。

4-19

ハローワークインターネットサービス

ハローワーク内設置　情報提供パソコン

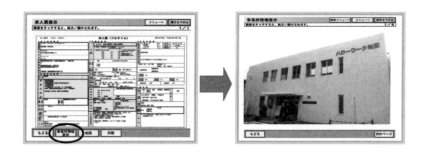

②求人票には写真を必ず登録する

　ハローワークインターネットサービスのマイページから写真情報を登録できることをみなさんはご存知ですか。

　実は、ハローワークの求人票には10ファイルまで画像を登録できます。掲載できる画像情報は、主に以下のとおりです。

- 建物の外観
- 社内の雰囲気
- 会社パンフレット
- 会社ロゴ
- 関係資料　など

　基本的には、ハローワークインターネットサービスのマイページか

第4章　戦略力（釣り理論）　173

ら登録が可能です（**4-19**）。しかし、パソコンの操作が苦手という方は窓口で相談できることがありますので、お近くのハローワークの企業担当窓口まで行かれてみてください。

　登録の際の注意点として、画像サイズ上限は２MBになっているため、超過する場合は圧縮する必要があります。また、ファイル形式は以下の４つであり、使用したいファイルの形式が異なる場合にはファイル形式の変換が必要です。

- JPEG
- GIF
- PNG
- BMP

（出典）ハローワークインターネットサービス「求人情報」
https://www.hellowork.mhlw.go.jp/kensaku/GECA110010.do?screenId=GECA110010&action=dispDetailBtn&kJNo=1309003962651&kJKbn=1&jGSHNo=7fYDOdYUyDD3kqDtMNb4ww％3D％3D&fullPart=1&iNFTeikyoRiyoDtiID=&kSNo=&newArrived=&tatZngy=1&shogaiKbn=0
（出典）ハローワーク「事業主の皆様へ　求人情報と一緒に画像情報が公開できます！」
https://jsite.mhlw.go.jp/kanagawa-hellowork/var/rev0/0133/1864/2017714142931.pdf

（４）ハローワーク活用の鍵は「紹介」

求職者が自ら求人を探す

窓口で求人を紹介される

マイページに求人が届く

　求職者がハローワークを利用するメリットとして「利害関係のない

立場の人から、求人票の紹介を受けられる」という点があります。

そもそも、ハローワークに掲載されている求人を探すときには、以下の２つの方法があります。

- ハローワークインターネットサービスやハローワークに設置の情報提供パソコンで探す
- ハローワークの担当者やマイページで求人がおすすめされる

前者については、他求人サイトと一緒で、どの求人がよいのか、どの会社を選んだらよいのかわからず迷ってしまいます。

一方で、後者については、ハローワークは人材紹介サービスとは異なり、紹介した求職者が入社することでインセンティブが発生するわけではありません。その分、ハローワークから紹介された求人に対して、一定の信頼を感じている求職者の方が多いのも事実です。企業の採用担当者は、いかにハローワークの窓口で紹介をしてもらえるかを、考えて実行することが重要になります。

第4章　戦略力（釣り理論）

①ハローワークの窓口担当者からの紹介を増やす方法1

　ハローワークの窓口担当者を味方つけることができると、ハローワークからの応募は段違いに増えます。

　ハローワークには日々多くの求職相談の人がやってきて、窓口の担当者は、求職者の方に助言や求人の紹介を行っています。しかし、実際には企業のことをよく知らず、求人票の情報のみで紹介せざる得ない状況です。当然、窓口の方も、相談にきた求職者のためにマッチする企業、マッチする仕事を紹介したいと思っていますので、企業はそのニーズに応えるよう努力をしましょう。

- 1か月に1回、ハローワークに相談に行く
- ハローワークとのコミュニケーションを増やす

　まず、ハローワークに相談に行くことをサボっている企業は、ハローワークから人材の紹介が増えることはありません。自分がハローワークで求人を紹介する立場になったとして考えてみてください。有名な大企業の求人と、名前も知らない中小企業の求人が、同一職種でほぼ同じ待遇であったとしたら、どちらを求職者に紹介するでしょうか。大企業の求人票になるのではないでしょうか。

　ただ、大企業は選考基準が厳しく、紹介をしても多くの方が内定をもらえないことを、ハローワークの窓口担当者も知っています。「できれば求職者が内定を貰えそうな求人を紹介してあげたい」「地元の企業を紹介したい」と考えている人も実は多いのです。では、どうすれば紹介をしてもらえる企業に選ばれるようになるのでしょうか。

　紹介先として選ばれる企業になる方法は、企業担当者が定期的にハローワークに通い、窓口担当者に顔を見せるという方法です。1か月に1回を目安としましょう。求職者用の窓口に顔を出して、応募がこない理由を相談したり、事業に対する想いやこれまでの会社の状況を詳しく話したり、求職者が魅力に感じる求人票に改善するにはどうしたらよいか、相談をしてみてください。そのとき、ハローワークの方

176　基礎編－採用攻略法「釣り理論」の徹底解説－

に言われる指摘はすべて取り入れ、反映させてください。人事担当や社長というプライドは捨てて、「この会社はいいなと思われる印象形成」と「ハローワークの方と一緒に魅力的な求人票を作る」という心構えがとても重要です。

　どのような企業・仕事・担当者なのかといった生の情報が伝わることで、窓口担当者は求人を紹介しやすくなります。また、複数の求人で応募を迷っている求職者から相談を受けた際に、自社を推してもらいやすくなります。

　なお、ハローワークの情報提供パソコンで検索、出力される求人票は、基本的に新着順で表示されます。掲載の上げ下げをしっかりすることで、求職者の目につきやすい上位表示を維持できます。1か月に1回は足を運び印象をあげ、求人票を修正してあげ直すことで、閲覧数が増え、応募の効果を上げられます。なお、上位表示目的の再掲載は指導対象になる可能性があるため、節度を持った見直しをしましょう。

　次に、ハローワークとのコミュニケーションの増やし方について紹介します。ハローワークから応募が来た際、みなさんはどんな対応をしていますか。ハローワークからせっかく紹介してもらっても、ほとんどの企業担当者は何もしないという状況です。非常にもったいないことです。ハローワークから応募があったら御礼の連絡、面接が終わったら実施の連絡など丁寧な対応を行うことで、企業イメージもアップし、求職者に求人を紹介してもらえる可能性が上がります。

※ハローワークは、ある程度人口が多い都市に設置され、ハローワークが設置されていない地域では、就職相談や求人紹介を受けることができる「ふるさとハローワーク」が設置されています。

【オンラインハローワーク紹介対象求人】

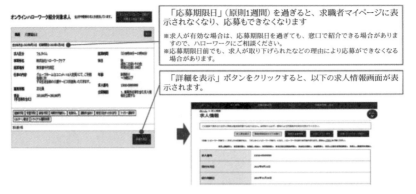

引用　厚生労働省HP：https://www.mhlw.go.jp/content/11600000/000820457.pdf

②ハローワークの窓口担当者からの紹介を増やす方法2

　ハローワークの窓口に相談に行くことで応募を増やす方法を紹介しましたが、逆に応募を減らしてしまう場合があります。

- 窓口の方に対する態度が横柄、上から目線な言動や行動をとる
- 窓口の方のアドバイスを全否定したり、企業側のこだわりを通そうとする
- 働いている社員や、過去に面接にきた方の悪口や愚痴を言う
- 採用活動を重視していない発言を行う
- 過去にハローワークから紹介された人材の質が悪いと言う

　窓口担当者に悪い印象を持たれてしまうと、求職者に自社への就職を避けるようアドバイスをしたり、他の会社を推したりすることがあります。悪い印象を与えないように努力しましょう。

『「求人票」で欲しい人材を引き寄せる
中小企業のための「ハローワーク採用」完全マニュアル』
(五十川将史(著)、日本実業出版社、2024年)

　ハローワークの求人票についてさらに詳しく知りたい方には、上記の書籍がおすすめです。筆者も同書籍から様々なことを学ばせていただきました。

- ハローワークの特徴
- ハローワークの職員の視点
- 求人票の記載ポイント　など

　著者は社会保険労務士であり、ハローワークの元職員だそうです。独自調査やご自身の経験などからハローワークについて語られているため、ぜひご一読ください。

6　求人媒体の選定ではKPI設計も大切

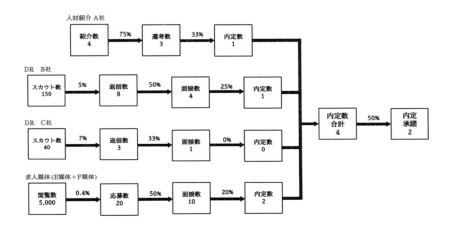

　採用難易度が高い職種の場合は、KPI設計がより重要になります。上記の図は、とある採用難易度が高い職種で実際に作成したKPI設計図です。採用手法別に、目標の内定承諾数を確保するために必要な各ステータスの数値を逆算します。

	ステータス
人材紹介	紹介数→選考数→内定数
ダイレクトリクルーティング	（ターゲット数）→スカウト数→返信数→面接数→内定数
求人媒体	（表示回数）→閲覧数→応募数→面接数→内定数

　KPI設計のポイントは「こうなったらいいな」という理想的な数字設計をするのではなく、自社の過去データや他社の実績データ等から「これなら確実だな」と思える数値設計にすることです。

　残念ながらこのようにKPIを設計し、理論上採用できる計画を立てている会社はほとんどありません。逆にいうと、KPIをきちんと設計

し、数字が悪いアクションの部分をその都度改善していけば、必ず採用ができるようになります。

【長野県　製造業の企業での採用手法活用例】

	クリック課金型	応募課金型	掲載課金型	スカウト＆入社課金型	入社課金型
営業	Indeed無料＆有料	engage（当時）	エン転職,マイナビ転職,リクナビnext等		
人事総務	Indeed無料				
社内SE			Type	ビズリーチ	リクルートエージェント,エンリージョン
品質管理生産管理			エン転職	ビズリーチ	
製造オペレーター	Indeed有料	engage（当時）	エン転職,マイナビ転職,リクナビnext等		

　上図は、職種別に適切な採用チャネルの組合せを整理した例です。例えば、社内SEは採用難易度が高いため、入社課金の手法をメインに選択しています。逆に製造オペレーターは未経験も含め大々的にアピールするため、クリック課金型なども活用する形です。

　みなさんも、増員したい職種の採用難易度や自社の予算をもとに、一度採用チャネルを整理してみてはいかがでしょうか。

第4章　戦略力（釣り理論）　181

7　採用コストの考え方

　今まで費用のかからないハローワークのみを使っていたため、採用にお金をかける文化がない会社では、「いくらかけたらよいのか」がわからないケースも多いでしょう。そこで、釣り堀の選定にも関わってくる採用コストについて、以下の2つを解説します。

（1）基本的な考え方
（2）採用コストのシミュレーション

それぞれ詳しく見ていきましょう。

（1）基本的な考え方

　ELTV　＞　採用コスト＋育成コスト

従業員生涯価値（Employee Lifetime Value: ELTV）

ELTV＝従業員の価値×勤続年数

　採用コストの基本的な考え方として押さえておきたいのは、「ELTV＞採用コスト＋育成コスト」です。ELTVとは、次表のようにLTVの対象を顧客から従業員へ変えた指標となります。

	意　味
LTV（Lifetime Value）	顧客が生涯にわたって生み出してくれる価値
ELTV （Employee Lifetime Value）	従業員が在職中に生み出してくれる価値

　例えば営業職の場合、1年間で上げる営業利益は、人件費を差し引いても勤続とともに増えていきます。勤続年数分を合計して、在職中に生み出した営業利益が、採用コストや育成コストを上回っていればよいわけです。つまり、採用活動に投じる予算を検討する際は、単にかかるお金だけを見るのではなく、採用後に生み出されるであろう利益とのバランスで投資すべきかどうかを判断します。

（2）採用コストのシミュレーション

　タクシーの運転手を例に、採用コストをシミュレーションしてみましょう。

- 年間の営業利益：200万円／年
- 勤続年数の平均：5年
- ELTVの平均：1,000万円／人

　上記を踏まえると、運転手1人にかける採用コストと育成コストの合計は、1,000万円を下回ればOKということです。例えば、普通免許しか持っておらず、2種免許が必要な転職者が入社したとき、その間の給与と免許取得費用で100万円かかるとしましょう。この場合、採用コストとして人材紹介会社に300万円かけたとしてもELTVが大きく上回っているため、予算を投じる価値は十分にあるといえます。

　逆に、採用コストをあまりかけないほうがよい職種もあります。勤続年数が読みにくく、ELTVの算出も難しい職種です。例えば、パン屋さんのレジを担当しているパートさんは、その人自身が売上を生み

第4章　戦略力（釣り理論）　183

出しているわけではありません。また、パートであることから長く勤めないケースも多く、ELTVが不透明かつ小さい可能性があるのです。

　採用コストを考える際は、合理的に計算しつつ、職種や勤務形態によって柔軟に調整しましょう。

　これまで採用にお金をかけてこなかった企業も現在の採用市場の厳しさに鑑みて、ある程度予算を立てて投資する姿勢も必要です。

8 まとめ

 1.釣る魚＝ターゲット・要件定義

 2.釣り竿＝求人原稿・魅力訴求

 3.釣り餌＝求人タイトル・写真

 4.釣り堀＝チャネル・使用媒体

 5.釣上げ＝スピード感・採用フロー

- 人材紹介、求人広告、ダイレクトリクルーティングの違いや使い分けが説明できるか
- 職種や経験の難易度に応じた採用予算があるか
- ターゲット人材が使用する媒体を適切に選定できているか
- 有料媒体は、事前にシミュレーションや事例を集め、投資の妥当性を検証できているか
- 無料媒体を4つ以上活用できているか
- 応募数ではなく、閲覧数やスカウト数などコントロール可能なKPIを設定し、採用実現性の高い計画を立てているか

釣り堀について重要なポイントは、以下の6つです。

- 人材紹介・求人広告・ダイレクトリクルーティングの違いや使い分け方を説明できるか
- 職種や経験の難易度に応じた採用予算があるか
- ターゲット人材が使用する媒体を適切に選定できているか
- 有料媒体は事前にシミュレーションや事例を集め、投資の妥当性を検証できているか
- 無料媒体を4つ以上活用できているか
- 閲覧数やスカウト数などコントロール可能なKPIを設定し、実現性の高い採用計画を立てているか

改善した「釣る魚〜釣り餌」を求職者に見てもらえるよう、釣り堀も慎重に選定していきましょう。

第5節

釣上げ（惹きつけ）

採用を釣りに例えると・・・

1.釣る魚＝ターゲット・要件定義

2.釣り竿＝求人原稿・魅力訴求

3.釣り餌＝求人タイトル・写真

4.釣り堀＝チャネル・使用媒体

5.釣上げ＝スピード感・採用フロー

　釣り理論の最後は釣上げ、つまり惹きつけの部分です。魚が餌に食いついたあと、どのように釣り上げるかについて解説します。

1　選考辞退に関する実態調査

　実はせっかく餌に食いついても、釣り上げて捕まえるまでに逃げてしまう魚、採用でいえば選考や内定を辞退してしまう求職者もいます。確実に釣り上げるためにも、まずは選考辞退に関する実態調査のデータを見ていきましょう。

（1）面接を受けて「この会社には入社したくない」と思った転職者の割合

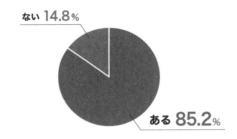

　　（出典）人事のミカタ「採用の成否は面接官が握る！求職者700人のホンネ！マズイ面接官、ファンをつくる面接官」より
　　https://partners.en-japan.com/special/180326/
　　※エン・ジャパンは自社で運営する転職サイト『エン転職』を通じて、採用ノウハウを伝えている。以下【図1】〜【図6】まで同じ。

　面接を受けたものの、「この会社に入社したくない」と思ったことがある転職者は、85.2％にものぼります。多くの転職者は「この会社に入社したい」と思ったからこそ、応募したはずです。
　しかし、圧迫面接や雰囲気が悪いなどで印象が下がれば、選考の辞退につながりかねません。**第1章第3節**「採用市場の変化」でも紹介したように、近年は売り手市場であり、企業側が求職者に選ばれる時代です。貴重な応募者を逃さないように、面接前後の応募対応は真摯に取り組むべきといえます。

第4章　戦略力（釣り理論）　187

（2）選考辞退した経験がある転職者の割合

　実際に選考辞退した経験がある転職者について、さらに詳しく見ていきましょう。

①全体のデータ

【図1】転職活動において選考辞退をしたことはありますか？

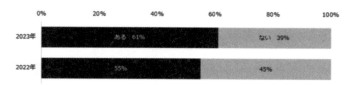

（出典）エン・ジャパン「8000人に聞いた「選考辞退」の実態調査－『エン転職』ユーザーアンケート－」より
https://corp.en-japan.com/newsrelease/2023/33829.html

　エン・ジャパンの実態調査では、転職活動で選考辞退した経験がある方は約60％にものぼっています。相当数が実際に選考を辞退している状況です。

【図2】選考辞退をしたことがある方に伺います。辞退したのは何社ですか？

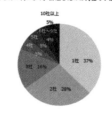

【図3】選考辞退をしたことがある方に伺います。どのタイミングで辞退しましたか？（複数回答可）

（出典）エン・ジャパン「8000人に聞いた「選考辞退」の実態調査－『エン転職』ユーザーアンケート－」より
https://corp.en-japan.com/newsrelease/2023/33829.html

選考を辞退した会社数を尋ねた設問では、1社〜3社が8割を占める結果となっています。4社以上の選考を辞退したという方も、少なくありません。
　また、辞退のタイミングを尋ねた設問では、面接前が最も多くなっています。しかし、内定取得後に辞退した方も3割にのぼっています。このようなデータからも、現代の転職者は複数の会社を受け、その中から入社先を選ぶ時代になっていることがわかります。

②面接前後のデータ

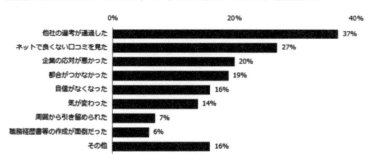

【図4】面接前に辞退したことがある方に伺います。理由を教えてください。（複数回答可）

- 他社の選考が通過した　37%
- ネットで良くない口コミを見た　27%
- 企業の応対が悪かった　20%
- 都合がつかなかった　19%
- 自信がなくなった　16%
- 気が変わった　14%
- 周囲から引き留められた　7%
- 職務経歴書等の作成が面倒だった　6%
- その他　16%

（出典）エン・ジャパン「8000人に聞いた「選考辞退」の実態調査－『エン転職』ユーザーアンケート－」より
https://corp.en-japan.com/newsrelease/2023/33829.html

　面接前に選考を辞退した理由で最も多いのは、「他社の選考が通過した」というものです。つまり、自社の選考辞退を防ぐためには、他社よりも早く対応することも重要といえます。
　とある採用セミナーでは、「転職活動をしている方は平均8.4社ほど応募し、このうち最初に内定が出た会社への入社を決める方が6割」という話がありました。求職者側としても、転職には不安があるため、真っ先に自分を求めてくれた会社に行きたい気持ちがあるようです。
　そういう意味では、メールや電話で迅速に応募対応したり、求職者1人ひとりに対してヒアリングで状況確認や惹きつけをしたりといった初期対応が非常に大切だといえるでしょう。

第4章　戦略力（釣り理論）　189

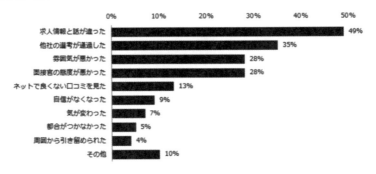

【図5】面接後に辞退したことがある方に伺います。理由を教えてください。（複数回答可）

（出典）エン・ジャパン「8000人に聞いた「選考辞退」の実態調査－『エン転職』ユーザーアンケート－」より
https://corp.en-japan.com/newsrelease/2023/33829.html

　面接後に選考を辞退した理由の中で注目すべきは、「雰囲気が悪かった」「面接官の態度が悪かった」というものです。応募意欲が高い方の印象を悪くして選考を辞退させてしまう、非常にもったいない状況だと感じます。

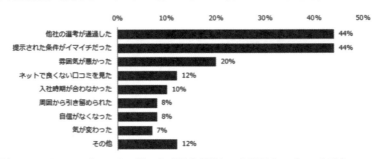

【図6】内定取得後に辞退したことがある方に伺います。理由を教えてください。（複数回答可）

（出典）エン・ジャパン「8000人に聞いた「選考辞退」の実態調査－『エン転職』ユーザーアンケート－」より
https://corp.en-japan.com/newsrelease/2023/33829.html

　内定承諾後の辞退は、他社に魅力で負けてしまった、あるいは伝えきれていなかったのが主な原因です。面接後の辞退と同様に、雰囲気の悪さなども悪影響を与えています。

2 面接はマッチング

前述したように、面接までこぎつけても、釣上げに失敗すると採用につながりません。ここでは、採用まであと一歩というところである「面接」について、以下の3つを解説します。

（1）採用＝企業側と求職者側が持つニーズのマッチ
（2）面接対応チェックリスト
（3）面接で応募者の気持ちが離れないために

それぞれ詳しく見ていきましょう。

（1）採用＝企業側と求職者側が持つニーズのマッチ

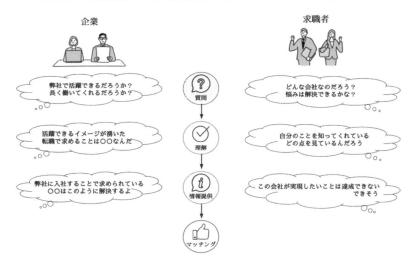

面接では上図のように、企業側の目線と求職者側の目線、双方がマッチングして初めて成功となります。

面接前は、互いに疑問や不安がある状態です。面接を通してコミュニケーションを取ることで、その疑問や不安が解消できれば、「この

人に入社してもらいたい」「ここで働きたい」という気持ちになれます。つまり採用とは、企業側と求職者側が持つニーズのマッチングであり、面接はそのマッチングを図る場所でもあるのです。

（2）面接対応チェックリスト

①応募者が来た時に明るい笑顔で出迎えている。	
②緊張をほぐすコミュニケーション、アイスブレイクができている。	
③職場見学の際、在籍社員は皆挨拶をしている。	
④面接官から自己紹介をしている。	
⑤応募者に魅力が伝わるように、仕事の内容を説明している。	
⑥仕事内容等について疑問がないか確認している。	
⑦仕事のやりがい・魅力、大変なことなどを伝え、働くイメージを伝えられている。	
⑧面接は一方的に聞くだけでなく、相互コミュニケーションになっている。	
⑨応募者について、面接時に良いと感じたことをフィードバックしている。	
⑩面接前後に人事部（採用担当者）とコミュニケーションが取れている。	

　上図は、面接対応で押さえたいポイントをまとめたチェックリストです。面接を通して求職者とコミュニケーションを深めるためには、面接中はもちろん、前後の対応も重要です。

　特に、面接官から自己紹介をしたり、自分が入社した理由や仕事で大変なところ、やりがいなどを伝えたりすると親近感がわきやすくなります。面接だからといって一方的に質問するのではなく、人対人のコミュニケーションを大切にしましょう。

（3）面接で応募者の気持ちが離れないために

・レスポンスのスピード
・面接担当とリクルーター担当で役割分担
・面接の前に面談や会社見学
・面接担当者の育成

面接を企業側の選考と思っている・・・
面接≠選考

面接は惹きつけと見極め！！
どちらも選ぶ側。
惹きつけ70＋見極め30

面接関連では、以下も重要なポイントです。

- スピーディーなレスポンスを心がける
- 面接担当とリクルーターとで役割を分ける
- 面接前に面談や会社見学を実施する
- 面接担当者を育成する

リクルーターは、面接後に「どうだった？」と応募者をサポートする役割もあります。このようなアフターフォローは新卒採用だけではなく、中途採用においても大切です。

また、面接官を経験したことがない方は、一方的かつ一問一答のコミュニケーションになりがちです。そのため、日頃から面接官を育成する必要もあります。

なお、面接は「見極め」の場である以上に、「惹きつけ」の場であることも覚えておいてください。企業側と求職者側はどちらも選ぶ立場ではあるものの、売り手市場の現代では「企業側が選ばれる側」だということをより一層意識するようにしましょう。

また、面接のタイミングについても、求職者が在職中のケースも考えられるため、工夫が必要です。営業時間中かつ対面のみで面接に対応していた場合は、夜間や土日にも面接を行う、オンラインでの面接を導入することも大切です。求職者の事情にも柔軟に合わせられるような選択肢を持ちましょう。

（4）そのほか

　さらに、以下のような求職者へのフォローも重要です。

- 家族への説明フォロー
- 退職交渉のフォロー
- 引っ越しのサポート

　求職者が転職をするにあたっては金銭的負担や手続きなど、様々な心配事が発生します。できる範囲でサポートの仕組みや会社としての姿勢を整えておくことで、求職者の気持ちを確実なものにできるでしょう。
　また、家族への説明フォローも非常に重要です。求職者と企業側での意思確認がとれた後でも、家族の反対にあい内定辞退が発生するケースも珍しくありません。独身の方の場合は親御さん、既婚の方の場合は配偶者を説得する必要があるのです。特に地方でBtoBビジネスを営む中小規模の会社では、自社ホームページを設置していないケースも見られます。ホームページは会社の名刺です。ホームページを整備するだけで、求職者や応募者の反応が変わり、ご家族にも安心感を与えられます。また、きちんとした紙媒体での会社説明パンフレットを渡すことも有効です。
　退職交渉のフォローも、就業中の方にとっては重要です。入社タイミングまでのスケジュールに余裕をもたせる、求職者の希望入社日に合わせるなどのサポートも大切です。特に優秀な方ほど現職企業から

の引き留めに合い、退職交渉が難航することがあります。こまめに求職者と連絡を取りながら、心理的なサポートを続けて信頼関係を構築することを心がけてください。

　さらに、UIターンを含めて応募者を募る場合には、引っ越しのサポートができるとよいでしょう。交通費や引越し費用など金銭的なフォローを始め、自治体のUIターン補助金があれば手続きをサポートするなど、順番に整備していくとよいでしょう。

3　まとめ

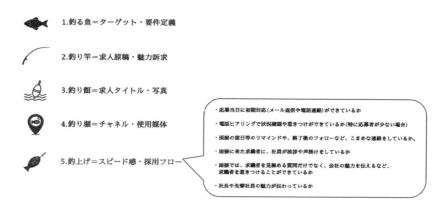

釣上げについて重要なポイントは、以下の6つです。
- 応募当日に、初期対応（メール返信や電話連絡）ができているか
- 電話ヒアリングで状況確認や惹きつけができているか（特に応募者が少ない場合）
- 面接の前日等のリマインドや、終了後のフォローなど、こまめな連絡をしているか
- 面接に来た求職者に、社員が挨拶や声掛けをしているか
- 面接では、求職者を見極める質問だけでなく、会社の魅力を伝えるなど、求職者を惹きつけることができているか
- 社長や先輩社員の魅力が伝わっているか

求職者目線を大切にした釣上げで、貴重な応募者を確実に採用へと
つなげましょう。

第 **5** 章

改 善 力

≫ 第5章では、「採用力」最後の構成要素である
「改善力」について解説します。

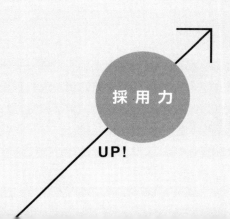

1 採用力のおさらい

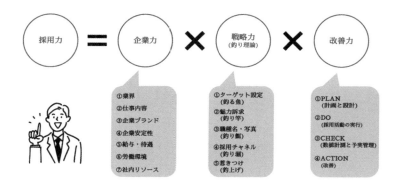

　採用力は前章までに解説した「企業力」と「戦略力(釣り理論)」に加え、「改善力」が必要です。釣る魚や竿などを決めて釣りを開始したあと、釣り糸を垂らしっぱなしにするのではなく、どのように改善していくかという工程も重要になってきます。

　ほとんどの会社は「求人を出したのに応募が来ない」と話すばかりで、原因の分析をしていません。日々取り組む業務と同様に、求人を出したあともPDCAサイクルを回しながら、分析と改善を繰り返す

第5章　改善力　199

ことが大切です。求人を掲載して終わりではなく、何をどのように改善するかを検討・実行することで、採用の成果は大きく変わってきます。

とはいえ、一口に改善といっても「どこに着目すべきか」「どのように、どれくらいの頻度で対応すべきか」など疑問も多いでしょう。そこで、本章では「応募を集める工程の改善」と「応募を集めたあとの工程における改善」の2つに分けて解説します。

2 応募を集める工程の改善

(1)【復習】求職者目線の採用

　応募を集める工程の改善を理解するために、**第2章第2節**で解説した求職者目線の採用について振り返りましょう。

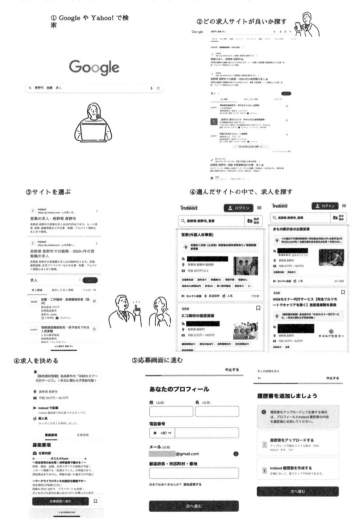

求職者はスマホやパソコンを使って、求人情報を検索するところから始めます。一般的な流れは、以下のとおりです。

1．GoogleやYahoo!で「エリア 職種名 求人」で検索する
2．どの求人サイトがよいかを探す
3．求人サイトを選ぶ
4．選んだサイトの中で、求人を探す
5．応募する求人を決める
6．応募画面に進む

　実は、IndeedをはじめとしたWeb上の求人媒体では、4.～6.の工程における求職者の行動を数字として見られるようになっています。どのようなデータが見られるのか、具体的に見ていきましょう。

（2）Web上の求人媒体で見られるデータ

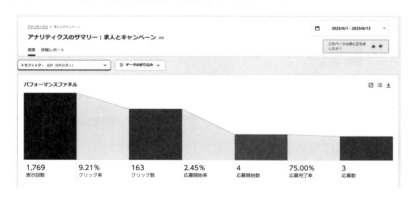

　例えば、Indeedでチェックできるデータは、主に以下の4つです。

	意　味
表示回数	求人一覧に表示された回数
クリック率・クリック数	求人の中身を見た率・回数

	意　味
応募開始率・応募開始数	応募開始ボタンを押した率・回数
応募完了率・数	職歴などの入力を終えて応募完了にいたった率・回数

　上図の場合は、クリック率が「9.21％」です。つまり、100人が求人一覧を見た場合、9人がクリックして中身を閲覧している一方で、91人が中身は閲覧せずにスルーしているということになります。

　多くの会社は応募数のみを見ますが、本当にチェックすべきなのは、その前にある表示回数やクリック率などです。「応募が来ない」という状況が同じでも、以下のように原因は求人によって異なります。

●そもそも表示回数が少ない
●表示回数はある程度あるものの、クリックが少ない
●クリックされているものの、応募開始にいたっていない

　このように応募者の行動をデータとしてチェックできるのは、Web上の求人媒体ならではです。数字は嘘をつかないからこそ、データに基づいてしっかり改善できれば、応募は必ず来るようになります。

（3）応募率が改善したデータの例

　データに基づいた改善で応募率が向上した例を、3つ紹介します。

①応募方法を変更した例
②出稿数を増やした例
③求人内容を変えた例

　それぞれ詳しく見ていきましょう。

第5章　改善力　203

①応募方法を変更した例

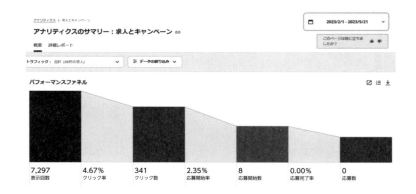

　本事例は、若手の大工さんを募集する求人です。7,000回以上の表示回数があり、応募開始数も8人いたものの、最終的な応募数は0人でした。つまり、プロフィールなどを入力している途中で、8分の8が離脱したということです。しかし、プロフィールの入力項目は非常に少なく、年齢や電話番号など最低限のものだけでした。

　そこで社長と相談したところ、1つの仮説が浮かび上がりました。大工さんは現場仕事であり、やり取りは電話が多いことから、「スマホやパソコンを使った入力作業は、苦手なのではないか」という仮説です。これを受けて、求人情報の一番上に「電話応募も歓迎します」と記載しました。その結果、毎月3人ほど電話応募が来るようになり、無事に3名採用できました。

②出稿数を増やした例

　本事例では、クリック率が12.72％でした。筆者がIndeedの担当者と話した際、クリック率は平均が３％～５％、採用支援が介入して５％～８％ほどということでした。つまり、本事例のクリック率は非常に高い状態です。クリック率の高さは、表示さえされれば中身を見たくなるような求人になっていることを示します。しかし、表示回数が173回と「求職者に見られる回数」が圧倒的に足りないがゆえに、応募数が０人でした。

　クリック数が200回～300回あれば、応募が１人発生するのが、採用市場の相場といわれています。そこで、有料課金を行い求人のバリエーションを増やすことで、表示回数とともにクリック数の改善を図りました。クリック率を維持したまま表示回数が増えたことでクリック数が増え、結果として応募数も増加し、採用につながりました。

③求人内容を変えた例

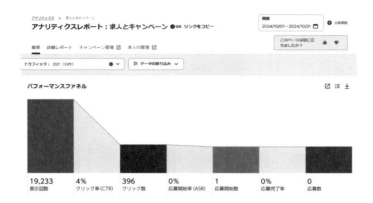

　本事例は、表示回数が9,000回以上、クリック率は4％、396人に求人内容を見てもらったものの、応募開始数は1人、応募は0人です。例②でも紹介したように、200人〜300人に求人を見てもらえば、1人の応募数が出るはずです。本事例では400人近い方に見てもらっているにもかかわらず、最終的な応募数は0人でした。つまり、本事例で応募がない原因は、求人の中身が閲覧した求職者の心に刺さっていないことにあります。

　そこで、実際に働いている方々に求人を見てもらったり、改めてターゲットをイメージし直しながら求人中身の改善を進めました。改善の視点は、「求職者の不安を解消する内容になっているか」「どのような求人項目を付け足して魅力を伝えるか」などです。

　最終的には、下図のようなデータになるのが理想的です。

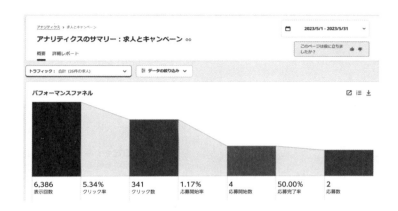

（4）データを使った改善方法

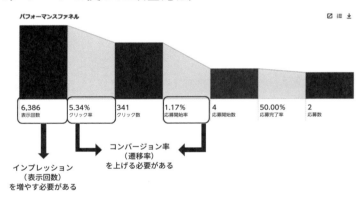

　第4章第4節でも紹介したように、応募数を増やすためには以下2つのいずれかを上げる必要があります。

　①インプレッション数（表示回数）を増やす
　②コンバージョン率（遷移率）を上げる

　それぞれの具体的な改善方法について、見ていきましょう。

第5章　改善力　207

①インプレッション数（表示回数）を増やす

インプレッション数を増やす
表示回数が悪い場合は・・・
・求人媒体を増やす
・有料化する（予算をつける）
・求人数を増やす

コンバージョン率を上げる
クリック(閲覧)率が低い場合は・・・
・職種名を工夫する
・魅力的な写真を撮影する
・キャッチコピーの変更
・給与下限を見直す

応募率が低い場合は・・・
・ターゲット設定をする
・刺さる求人原稿を作る
・不安を解消する
・応募を簡素化する

インプレッション数（表示回数）を増やすために必要な改善策は、主に以下の3つです。

- 求人媒体を増やす
- 有料化する（予算をつける）
- 求人数を増やす

求人媒体の増加は、**第4章第4節**で触れた「釣り堀」を増やすことを意味します。また、求人媒体では、予算をつけて有料化すると、それだけでもインプレッション数が増える仕組みとなっています。求人のバリエーションを増やせば、前述した事例②のようにインプレッション数の増加、ひいては応募数の改善へつなげることも可能です。

②コンバージョン率（遷移率）を上げる

コンバージョン率（遷移率）を上げるために必要な改善策は、クリック率と応募率とで異なります。

クリック率を上げる改善策	応募率を上げる改善策
・職種名を工夫する ・魅力的な写真を撮影する ・キャッチコピーを見直す ・給与下限を見直す	・ターゲット設定をする ・刺さる求人原稿を作る ・不安を解消する ・応募までの流れを簡素化する

クリック率が低い原因は、求人一覧に表示される情報に魅力を感じにくい点にあります。そのため、**第4章第3節**で解説した釣り餌（職種名や写真など）の改善が必要です。給与も、経験者向けの求人と未経験者向けの求人とで分けたり、経験者のみを採用するなら給与の下限を引き上げたりといった工夫が大切になります。

　また、応募率が低い原因は、ターゲット人材に刺さる求人原稿になっていない点にあります。応募率を改善したい場合は、ターゲット設定を見直したうえで、魅力的かつ求職者の不安を解消するような求人原稿を作成しましょう。

　さらに、会社によってはエントリー書類の作成や応募書類の事前郵送などが必要なところもありますが、求職者目線で考えると心理的ハードルが高いものです。せっかく求人原稿を読んで応募意欲がわいても、「大変そう」「手続きが面倒くさい」「採用ハードルが高そう」と感じて、応募を断念するケースも少なくありません。応募書類は事前郵送ではなく面接時に持参してもらう形に変更するなど、応募までの流れを簡素化することも、コンバージョン率を上げるうえで重要になってきます。

（5）押さえておきたい考え方

　応募を集める工程を改善する際は、以下に挙げる4つの考え方も押さえておきたいところです。

　①データの良し悪しを判断する基準
　②改善の頻度
　③ターゲット人材以外の応募が多いときの対応
　④改善工程の見える化

　それぞれ詳しく見ていきましょう。

第5章　改善力　209

①データの良し悪しを判断する基準

表示回数、閲覧率、応募率 は 職種、エリア、条件等によって異なる

①自社の過去データと比較

②同業他社の相場と比較

　表示回数や応募率といったデータは、以下をはじめとして求人の内容によって異なります。

- 職種
- エリア
- 条件　など

　では何と比較してデータの良し悪しを判断すればよいかというと、1つ目は「自社の過去データ」です。過去よりも表示回数が多かったり、コンバージョン率が高かったりすれば、改善に成功したといえます。
　すでに過去のデータの数値が良く、伸びしろがない場合は、「同業他社の相場」と比較しましょう。例えばIndeedであれば、ヘルプやカスタマーサポートへ問い合わせるとフォローしてもらえることがあります。求人の出稿を代理店へ依頼している場合は、同店の担当者に確認してみてください。同業他社の相場と比較してまだ伸びしろがありそうな場合は、積極的に求人内容の改善に取り組みましょう。

②改善の頻度

１〜２週間に１回は数字チェックと見直しを！

　求人改善の頻度は最低でも２週間に１回、理想は１週間に１回です。表示回数は伸びているか、応募開始が出ているかなどをチェックしながら、必要に応じて追加の改善策を講じていきましょう。

③ターゲット人材以外の応募が多いときの対応

応募が来たけど質が悪い・・・（ex:年齢が合わない、スキルや人物像が違う）

― そんな時は・・・ ―
①ターゲットに刺さらず、ターゲット外の人が反応する内容になってしまっていないか？
　（ターゲットがちゃんと応募したくなる求人になっているか）
②レベルが高い方を採用しようと思ったら、応募数自体を増やさないと効果が現れない。

　改善を重ねると、間違いなく応募は集まってきます。しかし、応募は来たものの「年齢が合わない」「スキルや人物像がターゲット人材と異なる」などのケースも出てくるでしょう。この原因は、欲しいターゲット人材の心に刺さる求人になっていない、あるいはそもそもの母数が少ない点にあります。
　第４章第１節では、釣る魚（ターゲット）の条件を松竹梅で整理するとよいと解説しました。さらにいうと、松竹梅からNG人材の人数は、下図のようにピラミッド構造となっています。

第５章　改善力

このなかで松の人材、つまり最も理想的な人材を採用したいのであれば、応募数自体を増やさないと出会えません。何十人ものNG人材と出会った果てに、松の人材との出会いがあるのです。応募者の質が悪いと感じる場合は、求人内容の改善とともに、そもそもの母数を増やすことにも注力しましょう。

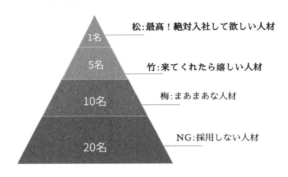

④改善工程の見える化

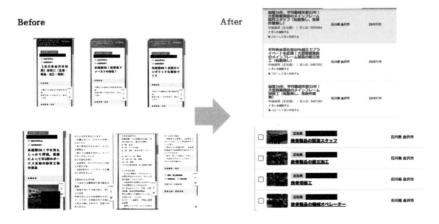

　継続的に採用を成功させるためには、改善工程の見える化も大切です。「何を、どのように変えたか」を残しておかないと、再現性が乏しくなってしまうためです。
　採用業務を引き継ぐ際も、変化の過程を見ながら改善の考え方を伝

えることで、自社において成功率の高い採用手法を継続して実行できます。そのため、見える化を進める際は、最新の状態だけではなく、過去の求人やデータも残しておくとよいでしょう。

3　応募を集めたあとの工程における改善

(1) 応募者ヒアリング

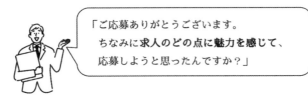

①ターゲットに近い人材の応募があったら…その人が応募した理由をさらに強化する

②ターゲットから遠い人材の応募があったら…その人が応募した理由を弱くする

　応募を集めたあとに、まず取り組みたいのは「応募者ヒアリング」です。自社の求人で魅力を感じた点を尋ねてみると、「自分のスキルが活かせそうだったから」「福利厚生が充実していたから」など様々な答えが返ってきます。

　このうち、ターゲット人材に近い方の回答はしっかり拾い、より一層魅力的に感じてもらえるように強化しましょう。対して、ターゲット人材から遠い方の回答であれば、その応募理由は少し弱めることをおすすめします。そうすることでターゲット人材に近い方の応募が増え、結果として最も理想的な「松の人材」と出会えるチャンスが多くなるのです。

(2) 段階別の改善方法

　では実際にどのような改善をすべきか、以下2つの段階別に解説します。

　①選考参加率が悪い場合
　②内定承諾率が悪い場合

それぞれ詳しく見ていきましょう。

①選考参加率が悪い場合

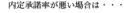

「選考参加率が悪い」とは、「応募は来たものの、面接を設定できずに終わってしまった」「面接を設定したものの、離脱してしまった」という状況です。このような状況を避けるためには、第一に応募後の対応スピードを上げることが大切です。

とある採用セミナーでは、「転職活動をしている方は平均8.4社ほど応募し、このうち最初に内定が出た会社への入社を決める方が6割」という話がありました。求職者の立場で考えると、自分に強く興味を示してくれた会社で活躍したいと考えるのはごく自然なことです。

また、応募対応時の連絡手段も選考参加率に影響します。ただし、電話とメール、どちらがよいかは採用したい職種や年齢層によります。例えば、応募が来たあとに、電話で経歴などをヒアリングしながらコミュニケーションを取るほうが、コンバージョン率が上がるケースもあります。一方で、「いきなり電話が来ると、わずらわしい」「メールのほうがやり取りしやすい」と感じる方もいます。

なお、筆者が大量採用の支援をしたとき、電話とメールの双方をランダムに使用してみたところ、選考参加率は電話のほうが高い傾向にありました。しかし、最終的な入社数は、電話とメールで変わりがな

かったのです。つまり、求人がしっかり作り込まれていて、応募の動機づけができていれば、自社に合った連絡手段でOKということです。実際に電話対応やメール対応などを試してみて、最も実績が良い連絡手段を活用していくとよいでしょう。

②内定承諾率が悪い場合

　内定承諾率が悪い場合、改善に向けて意識したいのは主に以下の2つです。

①マイナスをなくす（不安の解消）
②プラスを作る（魅力づけ）

この2つを踏まえた改善策としては以下のような例があります。

- 対応スピードを適切に改善する
- 面接では惹きつけを意識する
- 職場見学を実施する
- 代表の想いを伝える
- 先輩と話す機会を作る
- 人事部面談を行う

　そのため、内定承諾率を上げたいときは「マイナスをなくす（不安の解消）」と「プラスを作る（魅力づけ）」を意識した面接や前後の対応が必要です。特に近年では、「不安の解消」が内定承諾率の改善に大きく影響している印象があります。

　対応スピードの改善は、内定承諾率を上げるうえでも重要ですが、あまりに早すぎるのは逆効果です。実際、筆者が採用支援している会社の中には、「とにかく面接を早く設定して、1時間の面接後にすぐ内定を出す」というところもありました。しかし、早すぎる内定は「この会社は本当に自分のことをわかって内定を出しているのか」「それ

216　基礎編－採用攻略法「釣り理論」の徹底解説－

ほど人員不足で困っている会社なのか」と不安をあおりかねません。

　また、先輩と話す機会を設けることで、「どのような人と一緒に働くことになるか」といった不安を解消しやすくなります。また、人事部との面談では、「どれくらい休めるか」「残業はどれくらいか」など面接では聞きにくいことも話せるとよいでしょう。

　内定承諾率を改善したい場合は、今まさに内定を出そうとしている方の不安を解消できているか、自社の魅力を伝えきれているか、しっかり振り返ってみてください。

（3）内定承諾率が改善した事例

　最後に、内定承諾率が改善した事例を2つピックアップして紹介します。

　①ホームページやパンフレットを刷新した例
　②インタビュー動画を掲載した例

　それぞれ詳しく見ていきましょう。

①ホームページやパンフレットを刷新した例

　本事例の会社では、据付（すえつけ）工事の若手社員を募集していました。求人募集は最新の媒体で課金しながら使っており、クリック率や応募数などは良好な状態でした。しかし、内定を出しても応募者の奥様や親御さんの引き留めが多く、内定辞退が相次いでいたのです。
　家族の引き留めが多い原因は、会社説明資料やパンフレットがない、ホームページも古いといった状態でしたので、家族の方が会社の状況を知る手段がなく、不安を感じてしまったのではないかと仮定しました。

若手の辞退率が減少！
1年で20〜30代を4名採用成功！！

・社員インタビューの実施
・会社の働く上での魅力の言語化
・パンフレット制作及びそのデザインを活かしたホームページの改修

そこで、社員インタビューをしながら、働くうえでの魅力を言語化し、パンフレットやホームページに反映しました。結果、若手の内定辞退率は大幅に減少し、20代〜30代の方を1年間で4名ほど採用できています。

②インタビュー動画を掲載した例

若手からの内定承諾率UP！！

・社員インタビューの実施
・会社の働く上での魅力の言語化
・HP採用ページの充実

　本事例の会社では、空気圧縮機の点検・修理に携わる若手社員を募集していました。若手の内定辞退率が高かったため、事例①と同様に社員インタビューを実施しながら、自社の魅力の言語化やホームページに載せる採用ページの充実を図りました。

　特に効果的だったのは、インタビュー動画の掲載です。写真のみでは伝わらない、物腰の柔らかな経営陣の人柄を伝えられました。その結果、若手に安心感を与えられ、内定承諾率の向上にも寄与しています。

　このように、求人は出したら終わりではなく、出したところがスタートです。改善を繰り返すことで採用につなげることができるのです。
「採用力＝企業力×戦略力（釣り理論）×改善力」
　この方程式で自社の採用を成功に導引いてください。

第5章　改善力　219

応用編
－早期離職対策と特定のニーズに
対する戦略とテクニック－

第 **6** 章

社員はなぜ辞めるのか

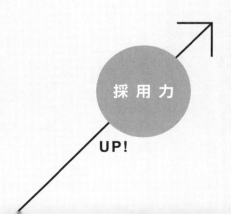

第1節

早期退職あるある1～9

　社員の早期退職には、いくつかの決まったパターンがあります。離職を防ぐためにすべきことを理解するためにも、まずは「早期退職あるある」を見ていきましょう。

> 1　思っていたよりもきつかった
> 2　ベテラン勢と新人のギャップがありすぎる
> 3　フィードバックが正論すぎて精神がやられてしまう
> 4　辞める人から引き継ぐため、仕事の魅力が感じられない
> 5　中途採用だと、未経験でも現場が即戦力を求めて育成しない
> 6　直属の上司やメンターと合わない
> 7　上層部がメンターや上司の意見だけを聞いて判断する
> 8　「前の会社ではこうだったのに」から抜け出せない
> 9　社長は新しい風を入れたいが、現場は今のやり方を変えたくない

（1）思っていたよりもきつかった

　営業職や福祉、建設の現場でありがちなのが、「思っていたよりもきつかった」という理由で早期退職するケースです。入職者の想像と現実とでギャップが生まれる原因は、主に求人原稿や育成ステップにあります。

　例えば、求人を見たときと入社後とでイメージが違う場合は、求人原稿の見直しが必要です。また、マッチ度が高かったにもかかわらず「想像よりもきつい」と感じさせてしまった場合は、育成プロセスや上司・同僚のフォローに課題があります。

　このケースで多い間違いは、退職した人を批判して残っている人を正当化しようとすることです。もちろん、退職した人に問題があるケースも少なくありませんが、そこを責めたところで何の解決にもなりません。それよりも、「入社した若手社員が活躍できるようにするためには、どこを改善すればよいか」など、現場と採用担当者で振り返ることが大切です。

（2）ベテラン勢と新人のギャップがありすぎる

　ベテラン勢と新人のギャップがありすぎると、双方に負の感情が生まれて早期退職につながることがあります。例えば、ベテラン勢が社歴20年〜30年選手の50代・60代の方であれば、新人に対して「こんなこともできないのか」と日々感じてしまいます。一方で、新人は「いつまで経っても、自分の成長を感じられない」と、ベテランとの差が埋まらないことに悲観的な感情を持ちます。最終的に「あの人みたいには、自分はなれない」と感じ、早期退職してしまうのです。

　このような事態を避けるには、いきなり若手社員を採用するのではなく、40代などの中間層を確保しておくことが大切です。同時に、ベテラン勢とのギャップが大きい場合は、育成ステップの見直しも必要です。現状として20代・30代の社員が少数の場合は、将来を見越して今のうちに若手社員の後輩を入れるのもよいでしょう。

（3）フィードバックが正論すぎて精神がやられてしまう

　フィードバックが正論すぎて精神がやられてしまうというのも、早期退職あるあるの１つです。確かに、入職者を育成する過程で、間違いを正したり、より良い方法を示したりすることは必要です。しかし、「最初からすべて完璧にできる人はいない」ということを忘れて正論ばかりぶつけると、正しいとわかるがゆえに「自分はダメだ」と精神的に病んでしまう方もいます。

　仕事は、互いの得意・不得意を補いながら進めるものです。そのため、フィードバックする際は、できることをきちんと認めつつ、できないことをどのように改善していくか、本人のペースに合わせながら示しましょう。

　また、良いところ・改善してほしいところを伝える順番にもコツがあります。よくあるのが、良いところを伝えてから改善点を指摘するケースです。この順番では、受け手からすると辛い気持ちで終わってしまい、改善しようとする気概を損ねる可能性があります。相手の成長意欲を促すためにも、先に課題と改善点を伝えたうえで「でも、こういうところは成長しているよね（素晴らしいよね）」と承認の意を伝えるとよいでしょう。

（4）辞める人から引き継ぐため、仕事の魅力が感じられない

　現場仕事でよくあるのが、退職者のポジションを埋めるために採用した入職者に、辞める人自身が引継ぎをするケースです。退職者は自社に不満を感じている、あるいは他社に魅力を感じているがゆえに退職するため、すでに仕事への関心を失っている状態です。引継ぎもおろそかになりがちで、入職者のモチベーションを削いでしまう可能性があります。

　引継ぎには、業務的なものと、マインド的なもの（会社の価値観や仕事の目的を伝える）の2種類があります。業務的な引継ぎは、ポジションからして退職者に任せる以外ないかもしれません。一方、マインド的な引継ぎの部分は、社長や上司などが担当することで、入職者のモチベーション向上を図れます。

　また、引継ぎについては、退職者と入職者とが1対1にならないように、別の社員もフォローで入ったり、複数名で進めたりすることも有効なので、ぜひ試してみてください。

（5）中途採用だと、未経験でも現場が即戦力を求めて育成しない

　未経験であっても、入職者が中途採用という理由から、現場が即戦力を求めて育成しようとしない場合も、早期退職につながります。入職者側は「『未経験OK、現場で育成します』という求人だったのに……」と感じる一方で、現場側は「中途採用なのに、こんなこともできないのか」とギクシャクするケースも少なくありません。
　このような事態を避けるには、その入職者ができることできないことをあらかじめ把握したうえで、関わり方を考えておくことが大切です。採用プロセスに現場の育成担当者にも関わってもらうと、ギャップは生じにくいでしょう。

（6）直属の上司やメンターと合わない

　早期退職のシンプルな理由として、直属の上司やメンターと合わないというのもあります。近年、「配属ガチャ」「上司ガチャ」などの言葉も話題となることがありますが、人と人が一緒になって働くがゆえに、相性が合う・合わないはどうしても避けられない要素です。直属の上司やメンターと合わなければ、コミュニケーションがスムーズに取れず、フォローも不十分となります。

　誰をメンターとして組ませると相性が良さそうか、複数人から意見を集めて判断するとともに、関係がうまくいっているかどうかを確認して軌道修正をしていくことが必要です。

（7）上層部がメンターや上司の意見だけを聞いて判断する

　上層部が入職者の言い分を聞かず、メンターや上司の意見だけを聞いて物事を判断するのも早期退職の原因になりがちです。例えば、筆者が採用支援したある会社では、「上層部から気に入られて入社したらしい」という入職者を上司が気に食わず、日頃から強い言い方をしていたようです。そのため、入職者が退職願いを出したときもその上司は「全然使えないので、辞めてもらって大丈夫です」と伝えたそうです。社長も「上司の君がそう言うなら」と退職を承諾するところでしたが、採用支援をした筆者としては、その入職者が早期退職することに違和感があり見過ごせませんでした。

　そこで上司と入職者、双方の言い分を聞いてもらうよう社長へ打診したところ、実際は上司が理不尽なことばかり言っていた事実が発覚します。最終的に上司は指導を受け、入職者の方は現在も同社で活躍し続けているとのことです。**（6）直属の上司やメンターと合わない**のように相性が合わない場合、原因はどちらにあるのか、実際に何が起きているのかは上司と入職者の双方に聞き、一方的に判断しないようにしましょう。

（8）「前の会社ではこうだったのに」から抜け出せない

　経験者の入職者でよくあるのは「前の会社ではこうだったのに」と、新しいやり方をなかなか吸収しないパターンです。「経験者さえ来れば大丈夫と思っていたのに、うまくいかず失敗した」という経験をした会社は、非常に共感できるのではないでしょうか。

　仕事内容が同じでも、前の会社と同程度に活躍できるわけではありません。前の会社と新しい会社とでは、エリアも取引先も違い、商材やサービスも違い、社内の雰囲気、人間関係も違い、社員の考えや経営方針も違うからです。

　そのため、経験者の入職者に対しては自分たちの会社についてよく知ってもらったうえで、「まずは1回、こちらのやり方を吸収してもらう」という関わり方が大切になってきます。

（9）社長は新しい風を入れたいが、現場は今のやり方を変えたくない

　早期退職あるあるの最後は、「社長は新しい風を入れたいが、現場は今のやり方を変えたくない」というパターンです。社長は危機感を持って採用活動を進めたい一方で、現場は現状に問題を感じず、逆に「余計なお世話」として抵抗感を持つケースになります。このようなギャップが生まれる原因は、物事を見るスパン（期間）が互いに異なるためです。

　社長は「未来」を見据え、長いスパンで物事を見ています。一方、社員が重視するのは「今」休めるか、きちんと給料をもらえるかという点です。今上手くいっていると感じている社員に、危機感を持ってもらうのは容易ではありません。そのため、社長が説明しながら現状の安心感と将来への危機感におけるバランスを図る、あるいはバランスの調整ができる人を採用するといった方法も必要になってきます。

第2節

なぜすぐに辞めてしまうのか

　ではなぜすぐに辞めてしまう社員が出るのか、**第2節**ではその理由について深掘りしていきます。

1　会社を辞める理由

　会社を辞める理由と改善策について、以下の2つを解説します。

（1）退職理由の調査結果
（2）「本当の退職理由」を今後の採用活動で活かすためには

　それぞれ詳しく見ていきましょう。

（1）退職理由の調査結果

　採用した人材に長く活躍し続けてもらうには、離職する方が抱く「本当の退職理由」を把握し、改善できるところはないか振り返ることも大切です。まずは退職理由に関する実態調査の結果として、以下の4つを紹介します。

①「本当の退職理由」の有無
②「本当の退職理由」を会社に伝えなかった理由
③会社に伝えた退職理由
④会社に伝えなかった「本当の退職理由」

①「本当の退職理由」の有無

【図1】退職時に、会社に伝えなかった"本当の退職理由"はありますか?

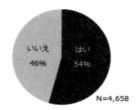

（出典）エン・ジャパン「『本当の退職理由』調査（2024）」より
https://corp.en-japan.com/newsrelease/2024/38267.html
※エン・ジャパンは自社で運営する転職サイト『エン転職』
を通じて、採用ノウハウを伝えている。
以下、【図2】〜【図5】まで同じ。

4,658人を対象としたエン・ジャパンの実態調査によると、退職時に会社に伝えなかった「本当の退職理由」があった方は5割以上にものぼりました。

多くの社長は、社員から「他にやりたいことが見つかった」「親の仕事を継ぐために」「パートナー（夫や妻）の都合で」など言われると、真に受けてしまいます。しかし、上記のように、会社に伝えている理由と本音は違う可能性があるのです。

②「本当の退職理由」を会社に伝えなかった理由

【図2】「会社に伝えなかった"本当の退職理由"がある」と回答した方に伺います。会社に「本当の退職理由」を伝えなかった理由は以下のうちどれですか？（複数回答可）

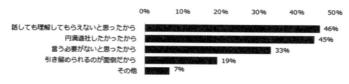

（出典）エン・ジャパン「『本当の退職理由』調査（2024）」より
https://corp.en-japan.com/newsrelease/2024/38267.html

「本当の退職理由」を会社に伝えなかった理由で最も多いのは、「話

しても理解してもらえないと思ったから」です。退職者は「本音を伝えてギクシャクするよりは、穏便に退職を進めたい」という気持ちが強い傾向にあります。実際、第2位に「円満退社したかったから」という理由がランクインしています。

筆者自身も、1社目から転職する際は「本当の退職理由」を会社に伝えませんでした。激務と責任でストレスが大きくて辞めたかったのですが、「他にやりたいことが見つかった」という理由で自分も周りも納得させようとしました。最終的に「新しい目標ができたので、地元長野に帰ります！」と、退職時は本音と異なる理由を会社に伝えた記憶があります。

③会社に伝えた退職理由

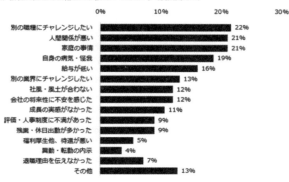

（出典）エン・ジャパン「『本当の退職理由』調査（2024）」より
https://corp.en-japan.com/newsrelease/2024/38267.html

実態調査においても、会社に伝えた退職理由として最も多かったのは「別の職種にチャレンジしたい」です。この理由であれば、会社側も「それなら、うちでは働けないよね」と納得しやすく、円満に退職できます。ただし、本音の場合もあれば、本当の退職理由をカモフラージュするための言葉にもなり得るため、真に受けるのは要注意です。

第2位の「人間関係が悪い」は、オブラートに包まずはっきり退職理由を言ったか、誰かのせいにしたいパターンです。第3位には「家

庭の事情」と、会社が納得せざるを得ない言い訳として使いやすい理由がまたランクインしています。

④会社に伝えなかった「本当の退職理由」

【図4】会社に伝えなかった"本当の退職理由"があると回答した方に伺います。伝えなかった、本当の退職理由を教えてください。（複数回答可）

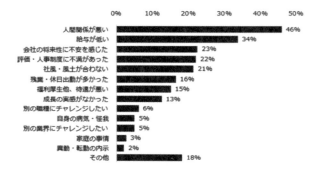

（出典）エン・ジャパン「『本当の退職理由』調査（2024）」より
https://corp.en-japan.com/newsrelease/2024/38267.html

　会社に伝えなかった「本当の退職理由」として、圧倒的に多かったのは「人間関係が悪い」です。前述のように会社へはっきり伝えてしまう方もいますが、大多数は言えずにいるのが実情です。
　会社へ伝えない理由は、「どうせ聞いてくれない」と諦めるパターンや、「円満退社したい」と穏便に済ませたいパターンが多いでしょう。特に会社に恩を感じている場合は、最後の最後に「嫌な人だったな」と思われたくないものです。
　給与の低さも退職理由になるものの、本音として会社に伝えられないケースが多々あります。また、営業職などは「このままでも大丈夫なのだろうか」と、会社の将来性に不安を感じるパターンも多いようです。

（2）「本当の退職理由」を今後の採用活動で活かすためには

【図5】会社に伝えた退職理由、本当の退職理由（上位10位）

順位	会社に伝えた退職理由
1	別の職種にチャレンジしたい
同率2	人間関係が悪い
同率2	家庭の事情
4	自身の病気・怪我
5	給与が低い
6	別の業界にチャレンジしたい
同率7	社風・風土が合わない
同率7	会社の将来性に不安を感じた
9	成長の実感がなかった
同率10	評価・人事制度に不満があった
同率10	残業・休日出勤が多かった

順位	本当の退職理由
1	人間関係が悪い
2	給与が低い
3	会社の将来性に不安を感じた
4	評価・人事制度に不満があった
5	社風・風土が合わない
6	残業・休日出勤が多かった
7	福利厚生他、待遇が悪い
8	成長の実感がなかった
9	別の職種にチャレンジしたい
同率10	自身の病気・怪我
同率10	別の業界にチャレンジしたい

（出典）エン・ジャパン「『本当の退職理由』調査（2024）」より
https://corp.en-japan.com/newsrelease/2024/38267.html

　離職率の高さを課題に感じている場合は、実際に伝えられた退職理由と本当の退職理由を比較しながら、自社で改善できそうなポイントを探すことが大切です。

　なお、本当の退職理由は「辞める前に話すと気まずくなりそう」と感じる方が多いですが、辞めたあとなら話してくれることがあります。具体的には、退職後に「今後のために、会社の改善すべき点を教えてもらえませんか」と人事が問い合わせると、本当の退職理由を話してもらえる可能性も少なくありません。得られた情報は社員の本音として真摯に受け止め、職場環境の改善などに活かしましょう。

第6章　社員はなぜ辞めるのか　239

2 【時期別】退職につながりやすいポイント

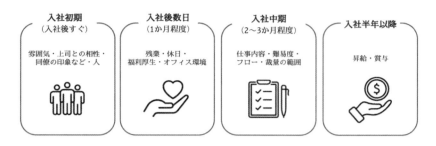

ここでは以下に挙げる4つの時期に分けて、退職につながりやすいポイントを解説します。

（1）入社初期（入社後すぐ）
（2）入社後数日（1か月程度）
（3）入社中期（2か月～3か月程度）
（4）入社半年以降

それぞれ詳しく見ていきましょう。

（1）入社初期（入社後すぐ）

　入社後にすぐ辞める場合に多いのは、社内の雰囲気や上司・同僚との相性が悪かったというものです。「上司からいきなり、非常に厳しい言葉を浴びせられた」「同僚とまったく気が合いそうになかった」など、よくあるパターンです。
　人のミスマッチが起こらないように、実際に会社の現場を回る見学会や説明会を取り入れるなど、採用フローを見直すとよいでしょう。また、実際一緒に働く人を採用プロセスに巻き込むことも効果的です。

（2）入社後数日（1か月程度）

　入社後1か月程度で辞める場合に多いのは、残業・休日や福利厚生のほか、オフィス環境に不満を持つパターンです。「残業は少ないと聞いていたのに、とても帰りにくい雰囲気を感じる」「土日祝休みと求人票に書いていたのに、出勤できるか聞かれて断れなかった」などがよくあります。また、製造業などでは「仕事現場がこんなに寒いとは思わなかった」、逆に「夏は暑すぎて大変」といった話も聞かれます。

　入社後1か月程度での退職を防ぐには、求人での伝え方を改善するのはもちろん、「実際に働いてみて、不安に感じることはないか」と定期的に声かけすることも大切です。

（3）入社中期（2か月〜3か月程度）

　入社後2か月〜3か月ともなると、徐々に仕事のルーティンにも慣れてくる時期です。その分、今度は仕事の内容や難易度などにギャップを感じやすくなります。

　特に難しいのは、仕事の量や難易度です。仕事が多い・難易度が高いと、もちろんストレスは大きくなります。しかし、少なすぎる・簡単すぎると逆に物足りなくなる、「思っていた仕事内容と違うな」「このままでいいのか」と不安を感じるといった事態になりかねません。そのため、責任や裁量の範囲とあわせて、仕事内容や難易度のバランスをきちんとすり合わせていくことが必要です。

（4）入社半年以降

　入社半年以降に不満が生じやすいのは、給与や賞与です。実際、筆者も3日ほど在籍日数が不足していたために1年目は賞与をもらえず、「ルールといえど……」と残念な思いをした経験があります。

第6章　社員はなぜ辞めるのか　241

このようにギャップが起きやすい内容は入社からの時期によって異なるため、あらかじめ入職者の不満を予測したうえで、関わり方を考えておくとよいでしょう。

3　離職率のデータ分析

　本節の最後は、離職率のデータ分析として以下の２つを解説します。

（１）離職率は課題化すべきか？
（２）離職率の課題化の例

それぞれ詳しく見ていきましょう。

（１）離職率は課題化すべきか？

離職率は数値とデータで見てみる

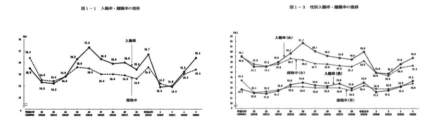

（出典）厚生労働省「令和５年　雇用動向調査結果の概要」より
https://www.mhlw.go.jp/toukei/itiran/roudou/koyou/doukou/24-2/dl/kekka_gaiyo-01.pdf

　離職を課題として取り上げるべきか否かは、実際の離職率データによって変わります。そもそも、正社員の離職率は約15％です。100人いたら15人は辞めて入れ替わるのがベースにあるため、自社の離職率が低ければ「離職＝課題」とはなりません。
　次項で紹介するように、入社時期によって自社への馴染みやすさが異なり、離職率が左右されるケースもあります。そのため、離職率の

高低や課題とすべきか否かも、実際のデータを見ながら分析と改善を
繰り返していく必要があります。

（2）離職率の課題化の例

　筆者が石川県の鉄骨製造会社の採用支援に携わったとき、「若手が
離職して困っています」という相談がありました。しかし、離職者リ
ストを拝見すると社員50人中、過去5年で辞めたのは40代以降で0人、
20代〜30代で2人でした。

　確かに若手社員の退職はありますが、あくまでも40代以降と比較し
て多いだけであり、実際の離職率は非常に低い状況です。もちろん、「若
手がもっと活躍できるように」という前向きな改善は必要ですが、離
職防止にリソースを割くよりは、他の経営課題に取り組んだほうが有
益なケースでした。

　また、自動販売機のルート配送をしていた会社では、若手の離職率
が実際に高かったものの、一見すると傾向が読みにくい状態にありま
した。あるとき、入社した月と退職した月を一覧化したところ、7月
〜8月に入社した方の離職率が非常に高い一方で、3月〜5月に入社
した方は定着率が高いことがわかりました。

　7月〜8月で離職率が高かったのは単純に暑くて大変という理由の
ほかに、繁忙期により人手が取られて新人教育が不十分になりやすい
ためです。逆に、3月〜5月は新卒者も入る分、教育体制が万全です。
仕事に慣れてきたころに夏の繁忙期を迎えられ、ボーナスによってモ
チベーションも向上しました。入社時期によって業務への慣れに大き
く差が生まれ、離職率にも影響していたという訳です。

　さらに、会社によっては離職の特徴として、特定の上司・マネー
ジャーについた若手社員だけが辞めていくケースもあります。このよ
うな場合、「若手の離職率が全体的に高いんじゃないか」と目をつぶっ
てしまっていては、何の解決にもなりません。特定の人に原因がある
のなら、改善を目指してきちんと向き合いましょう。

第6章　社員はなぜ辞めるのか　243

第3節

早期離職防止のためにできること

　早期離職防止のためにできることをまとめると、以下の7つになります。

（1）ターゲット設定をしたうえで、求人原稿を作り込む
（2）入社後に関わる関係者を採用フローに巻き込み、自覚を持たせる
（3）メンターとの相性をすり合わせる
（4）時期別の離職理由を把握し、関わり方を検討しておく
（5）自社のスタンスや価値観を事前に伝える
（6）採用の意図や期待することを伝える
（7）原価意識を持たせる

最も大切なのは、やはり求人原稿です。本書内で繰り返し記載していますが、ターゲットを設定し、そのターゲットにあわせた求人原稿を作り込むことが大切です。また、世の中には会社を良く見せようとする求人であふれかえっていますが、それではミスマッチが絶えません。よくあるのが、「休日が多い」「残業が少ない」といったアピールです。事実ならよいですが、実情と乖離する内容であればあるほど、入社後のミスマッチは大きくなり、早期離職につながります。そのため、求人原稿では自社の大変さもきちんと示しつつ、ターゲットに響くようなポイントを訴求し、「大変さも理解したうえで入社したいと思ってくれるような人材」を採用しましょう。

また、入社後に関わる関係者を採用段階に巻き込むことも大切です。採用フローに関わらせ採用の当事者としての意識を持たせることで、「自分たちで、この人を育てていくんだ」という自覚が芽生え、入社後の育成に前向きな気持ちで取り組めるようになります。

新入社員とメンターとの相性を考え、適切なメンターを設定することも大切です。「直属の上司と部下ではない、面倒見のよい社員」など、メンターに適切な人を考えてみましょう。適宜ではなく、週1などで１ON１の定例でヒアリング機会を設けておくと、不安や心配事も早めに発見しやすくなります。

時期別の離職理由は**第6章第2節**で解説したとおりです。メンター社員にも内容を共有し、入社からの時期にあわせて、それぞれの項目について特に重点的にフォローを行うようにしましょう。

自社のスタンスや価値観を事前に伝えることも大事です。特に入社してしばらくは環境や仕事も変わり、慣れるまで心理的に負担がかかります。そこで、入社すぐの段階で、社長や経営陣から会社の価値観やスタンス、会社が大事にしていることを伝えることで、新入社員のモチベーション向上が期待できるでしょう。あわせて、採用の意図も伝えてみてください。自分は何を期待されて採用に至ったのか、自分のミッションなどを改めて意識することで、仕事への取組み方が変わるはずです。

第6章　社員はなぜ辞めるのか　245

さらに、原価意識は、売上と給与の関係性を理解してもらううえで重要です。例えば、求人広告を出稿する仕事で、年3,000万円売り上げていたとしても、年収にすべて還元されるわけではありません。システム料金や外注費など様々な費用がかかり、「売上＝給与の原資」とはならないのです。このような原価意識が足りないと、「自分はこんなにも頑張っているのに、給料が低い」と強い不満を持ち、最終的に転職を選択してしまいます。

　実際、筆者が採用支援している北海道の運送会社でも、同様の不満が多くありました。そこで同社は原価の意識づけを通して、従業者に主体性や責任感を持ってもらうよう図りました。具体的には、仕事の売上金額はもちろん、「いかに経費を抑え、利益を出せば、自分の給与が増えるか」を提示しています。

　このように、早期離職を防止するポイントは、求人原稿の作成から入社後の教育までの各フェーズに点在しています。特に、1つ目〜4つ目は非常に大切なので、必ず押さえておきましょう。

第 **7** 章

目的別の攻略法

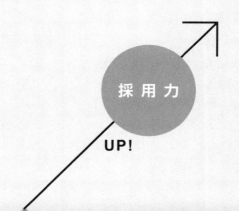

若手・未経験者採用のポイント

　一口に採用活動といっても、「未経験者を入れたい」「経験者で資格を持っている人材を確保したい」など、採用ニーズは会社によって異なります。**第7章**では、その軸に基づいた「目的別の攻略法」を深掘りします。

　第1節で解説するのは、若手・未経験者採用のポイントです。特に若手社員を採用したい会社は、ぜひ参考にしてください。

1　就職・転職データの把握

　若手社員の採用を成功させるためには、第一に彼らが就職・転職時に「会社の何に注目しているか」「何がきっかけで転職を決意するのか」を知る必要があります。そこで、ここでは以下の2つを紹介します。

（1）大学生就職意識調査
（2）世代別の転職理由ランキング

　それぞれ詳しく見ていきましょう。

（1）大学生就職意識調査

　はじめに**第4章第2節**でも触れた就職意識調査について、以下の2点をピックアップして解説します。

①若手社員が企業選択時に重視するポイント
②若手社員が行きたくない会社

それぞれ振り返っていきましょう。

①若手社員が企業選択時に重視するポイント

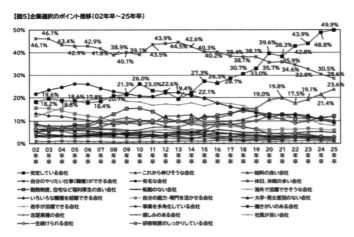

（出典）株式会社マイナビ「マイナビ2025年卒大学生就職意識調査」より
https://career-research.mynavi.jp/wp-content/uploads/2024/04/3daefb4ab14
4d4c7c373e0d31eb7fa70.pdf

　上記の大学生就職意識調査は、大学生３年生を対象とし、2002年卒分（現在では40代の方）から毎年実施されている調査です。最新の2025年卒分は約４万人が回答しています。「今の20代後半や30代が大学生の頃はどうだったか」など、過去と比較しながら意識の変化を見られるのが特徴です。
　調査結果のうち、企業選択時に重視するポイントでは「安定している会社」が49.9％で６年連続最多、４年連続で増加しています。従来長年１位だったのは「自分のやりたい仕事（職種）ができる会社」でしたが、近年では安定性が最も重視されてきているのです。

250　応用編－早期離職対策と特定のニーズに対する戦略とテクニック－

また、安定志向に関する解釈も、以前と変わってきていると筆者は感じます。安定のイメージといえば、昔は公務員や、会社を辞めずに１つの所でコツコツと頑張ることでした。しかし、今の若い人たちは、チャレンジ精神旺盛でアグレッシブであると同時に、将来への不安にも敏感です。必要性を感じれば思い切って転職する傾向がある一方で、「自分が頑張ったところで、会社が倒産したら意味がない」と安定性を重視するようになりました。

　このように、若手社員は会社の安定をとても望んでいます。そのため、自社がどのように安定しているかを語れると若手社員の心に刺さり、採用も成功しやすくなるでしょう。

②若手社員が行きたくない会社

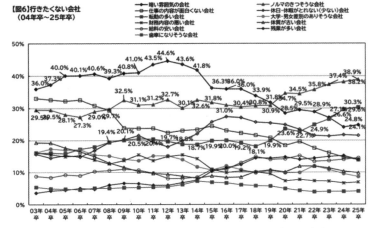

（出典）株式会社マイナビ「マイナビ2025年卒大学生就職意識調査」より
https://career-research.mynavi.jp/wp-content/uploads/2024/04/3daefb4ab144d4c7c373e0d31eb7fa70.pdf

　逆に、若手社員が行きたくないのは、「ノルマのきつそうな会社」「転勤の多い会社」です。従来は「暗い雰囲気の会社」が第１位でしたが、今の若い人たちは社内の雰囲気よりも、実動の面で大変な思いをしな

第7章　目的別の攻略法　251

いことを重視しています。

　特に、「転勤の多い会社」の伸び率は高く、転勤を避けたいと考える若手社員がかなり増えているのが実情です。その分、地方に根づいて長く安定しており、転勤がない中小企業はそれだけでもアピールポイントになります。拠点が複数ある会社は、時代の変化に合わせて、転勤の有無を選べる制度を設けるのも1つの方法です。

　今回は「企業選択時に重視するポイント」と「行きたくない会社」をピックアップしましたが、このような調査は他にもたくさんあります。若手・未経験者の採用を進めたい会社は、学生や若手における意識の変化を把握して、採用活動に活かしていきましょう。

（2）世代別の転職理由ランキング

　次に、世代別（20代・30代・40代）の転職理由をみていきましょう。「給与が低い・昇給が見込めない」という転職理由は、どの世代でも1位～2位にランクインしています。

順位	前年度順位	【20代】転職理由ランキング（1～10位）　※複数回答可	割合	前年度割合
		転職理由		
1	1	給与が低い・昇給が見込めない	35.2%	34.4%
2	8	人間関係が悪い／うまくいかない	25.9%	19.1%
3	14	社員を育てる環境がない	23.5%	14.3%
4	16	ほかにやりたい仕事がある	23.0%	13.7%
5	6	労働時間に不満（残業が多い／休日出勤がある）	21.7%	20.5%
6	13	働く場所を変えたい（勤務先が遠すぎる・近すぎる／U・Iターンしたい）	20.6%	15.8%
7	11	尊敬できる人がいない	20.4%	17.3%
8	17	働き方に柔軟性がない（派遣常駐型、リモートワーク不可など）	19.4%	13.0%
9	7	会社の評価方法に不満があった	19.2%	19.5%
10	4	離職率が高い	18.6%	21.8%

（出典）パーソルキャリア株式会社　doda「転職理由ランキング【最新版】
みんなの本音を調査！」より https://doda.jp/guide/reason/

　20代では教育体制や労働環境に関する理由も、上位に食い込んでいるようです。「社員を育てる環境がない」がランクインしているのが

252　応用編－早期離職対策と特定のニーズに対する戦略とテクニック－

特徴的で、自身の成長を促す仕組みや体制などに期待していることがわかります。

順位	前年度順位	【30代】転職理由ランキング（1～10位）　※複数回答可　転職理由	割合	前年度割合
1	1	給与が低い・昇給が見込めない	41.2%	36.1%
2	6	社内の雰囲気が悪い	23.8%	22.6%
3	11	人間関係が悪い／うまくいかない	22.8%	18.7%
4	2	スキルアップしたい	22.7%	28.5%
5	3	尊敬できる人がいない	22.5%	27.0%
6	14	意見が言いにくい／通らない	21.1%	15.9%
7	8	会社の評価方法に不満があった	20.2%	19.6%
8	13	労働時間に不満（残業が多い／休日出勤がある）	19.9%	18.0%
9	4	昇進・キャリアアップが望めない	18.9%	26.3%
9	18	ハラスメントがあった（セクハラ・パワハラ・マタハラなど）	18.9%	13.2%

（出典）転職サービスdoda「転職理由ランキング【最新版】みんなの本音を調査！」より https://doda.jp/guide/reason/

30代になると、「スキルアップしたい」「意見が言いにくい／通らない」など、社会人として十数年経ったからこそ感じやすい悩みも表面化しています。

順位	前年度順位	【40代】転職理由ランキング（1～10位）　※複数回答可　転職理由	割合	前年度割合
1	3	社内の雰囲気が悪い	37.8%	28.6%
2	2	給与が低い・昇給が見込めない	34.3%	30.8%
3	9	人間関係が悪い／うまくいかない	34.0%	21.0%
4	5	尊敬できる人がいない	32.3%	24.4%
5	6	会社の評価方法に不満があった	31.8%	24.0%
6	4	肉体的または、精神的につらい	30.5%	25.1%
7	1	昇進・キャリアアップが望めない	28.6%	31.2%
8	7	社員を育てる環境がない	25.8%	23.8%
9	17	ハラスメントがあった（セクハラ・パワハラ・マタハラなど）	25.7%	13.2%
10	8	業界・会社の先行きが不安	24.0%	21.8%

（出典）転職サービスdoda「転職理由ランキング【最新版】みんなの本音を調査！」より https://doda.jp/guide/reason/

40代では、「社内の雰囲気が悪い」がトップになる一方で、評価方

第7章　目的別の攻略法　253

法への不満や肉体的なつらさも転職理由として増えているようです。

このように、転職理由は世代によって変わるケースも多々あります。この点も理解したうえで、ターゲット人材に合わせた求人を作成することが大切です。

3　求人に載せる写真の変更

職種：採用支援コンサルタント

Before
全 23名応募（男性 22名、女性 1名）
応募者年齢の中央値　40.0歳

After
全 25名応募（男性 18名、女性 7名）
応募者年齢の中央値　35.0歳

第4章第3節でも紹介したように、求人に載せる写真はターゲット人材と同じ年代の方を被写体にしましょう。若手社員が欲しければ、20代〜30代の方を載せたほうが、同年代のターゲット人材から応募が集まりやすくなります（詳しくは、156ページの「**3　写真だけ変えても効果抜群**」参照）。

4 求人原稿に載せる内容の選定

- ・入社後のステップ
- ・こんな方にオススメ
- ・育成の仕組み
- ・1日の流れ
- ・同世代インタビュー
- ・未経験でもできる理由
- ・一緒に働く仲間
- ・Q&A
- ・将来の年収イメージ
- ・キャリアステップ

　求人原稿に載せる内容は**第4章第3節**で触れましたが、この中でも特に若手・未経験者の採用時に押さえたいのは以下の10項目です。

- ●入社後のステップ
- ●こんな方にオススメ
- ●○代〜○代活躍中
- ●1日の流れ
- ●未経験でもできる理由
- ●同世代インタビュー
- ●一緒に働く仲間
- ●将来の年収イメージ
- ●キャリアステップ
- ●Q＆A

　若手・未経験者の不安を払拭するうえで、『入社後のステップ』を記載することは非常に重要です。いつ何をするのか、研修やOJTはあるのかなど、具体的に示すとよいでしょう。

　また、『こんな方にオススメ』では、実際に働いている方々の年齢

第7章　目的別の攻略法　255

層や経歴、キャラクターをすべて洗い出して記載してみてください。そうすることで不安な若手・未経験者は、「自分と似たような経歴の人も働いているんだ」「自分と同じようなタイプの人が働いているんだな」と安心感を得られます。例えば『20代〜30代活躍中』など活躍している年齢層の記載も効果的です。『1日の流れ』も同様に、若手・未経験者に対して安心感を与える項目です。出社・休憩・退社など標準的な流れを示すことで、具体的に働くイメージがわき応募につながりやすくなります。

　『未経験でもできる理由』も、明確に提示しましょう。世の中には「未経験OK」としながら、経験者向けととれる内容の求人も多々あり、「本当に未経験でも大丈夫？」と不安が大きい転職者も多いためです。実際に働いている若手社員の『同世代インタビュー』もあると、具体性があって共感を得られやすくなります。

　『一緒に働く仲間』は、特に20代などは人間関係を重視する傾向にあります。「どんな人が一緒に働くのかな」という不安は求職者にとって大きいため、年齢構成や雰囲気などを記載しましょう。実際の社員の集合写真も掲載できると、より安心です。

　若手の場合は、『将来の年収イメージ』も大事です。月給は求人票を見てわかりますが、加えて「数年後、どのように上がっていくのか？」「昇給はどの程度見込めるのか」など、ある程度見通せると安心につながります。『キャリアアップ』も同じ理由です。「未経験から始めて、どれくらいで一人前になれるのか」「その後、どのようなキャリアアップが見込めるのか」など将来の希望を胸に、若手・未経験者が就職をしているということを理解してください。

　そして、求人原稿の最後には、若手・未経験者が気になりそうだけど面接官には聞きにくいような事項について『Q＆A』形式で載せて、素朴な不安や疑問の解消を図りましょう。

5　その他

メンター制度、サポート体制の構築・充実

教育計画（いつ何を覚えるか、覚えたことの振り返り）

　メンター制度・サポート制度の構築や教育計画の立案も、入社後の定着率向上を目指すうえで重要になります。サポートを通じてメンター側も一緒に成長できることもメリットの１つです。

第2節

有資格者・経験者・難易度が高い職種の採用のポイント

　有資格者・経験者・難易度が高い職種はそもそもの母数が少なく、競合同士で奪い合うことになります。**第2節**では、このような人材の採用に成功するために押さえたいポイントを解説します。

1　求人原稿の作り込み

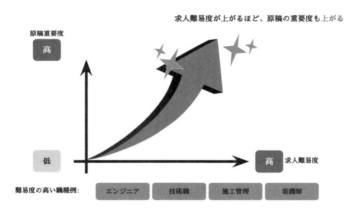

　第一に重要なのは、求人原稿の作り込みです。**第4章第2節**でも触れたように、採用難易度が上がれば上がるほど、求人原稿の重要度も高くなるためです。
　具体的には、各職種の転職ニーズを実態調査などから把握したうえで、何を自社の魅力としてアピールするかを洗い出しましょう。実際に有資格者として転職してきた社員にインタビューし、他社との違い

や自社ならではの良さを言語化してみてください。人材紹介会社やダイレクトリクルーティングを利用している場合は、洗い出した内容を担当者に共有し、求人票やスカウト文章などへ反映するよう働きかけることも大切です。

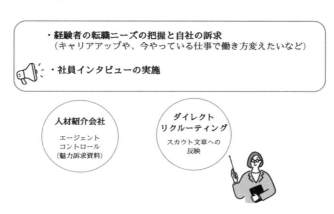

2　人材紹介会社への働きかけ

質も量も上げる方法があります！！

　人材紹介会社を利用していても、「推薦が来ない」「推薦は来るが質が悪い」といった悩みを抱えている会社も多いです。しかし、人材紹介会社側の事情を理解して働きかけができるようになると、推薦の量・

質ともに上げられます。ここでは、人材紹介会社へ働きかけるうえで必要な知識として、以下の4つを解説します。

(1) そもそも「人材紹介会社から推薦が来る」とは
(2) 人材紹介会社が求職者に紹介したい企業の特徴
(3) 人材紹介会社向け資料・プレゼンの内容
(4) CA、RAとの継続的な関係構築

それぞれ詳しく見ていきましょう。

(1) そもそも「人材紹介会社から推薦が来る」とは

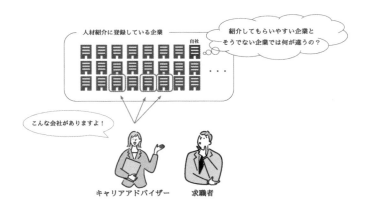

そもそも、人材紹介会社から推薦が来るまでには、以下の2ステップが壁として立ちふさがります。

1. キャリアアドバイザーに選ばれる
2. 求職者に選ばれる

キャリアアドバイザー（CA）は、人材紹介会社で求職者から希望条件などをヒアリングしたうえで、適した転職先を紹介する役割を

担っています。このとき求職者１人に紹介するのはせいぜい５社〜８社であり、その中から求職者が面接を受けるのは３社〜４社です。

　しかし、１人の優秀な人材がいた場合、そんな人材を欲しいと思う会社はキャリアアドバイザーの紹介数よりも多いのが常です。

　例えば、以下のような施工管理経験者が人材紹介会社に登録したとしましょう。

●土木・建築分野の施工管理の有資格者（１級・２級）
●公共工事と民間工事の経験豊富
●40歳

　上記の方を欲しいと思う建設会社は、同じエリアでも数十社にものぼるでしょう。つまり推薦を得るためには、多数の競合に打ち勝ち、まずキャリアアドバイザーに選ばれる企業であることが必要なのです。

　また、人材紹介会社にはCAのほかにRAという職種があり、会社によって、CAとRAを兼任する場合と分業する場合があります。人材紹介会社によって、誰が求職者にアプローチしており、誰が企業側とコミュニケーションをとっているか、確認しておく必要があります。

CA（キャリアアドバイザー）…人材紹介会社の転職者側の担当
RA（リクルーティングアドバイザー）…人材紹介会社の企業側の
担当（営業やフォロー）

第７章　目的別の攻略法　261

（2）人材紹介会社が求職者に紹介したい企業の特徴

人材紹介会社が求職者に紹介したい企業とは、「内定を出してくれる」かつ「求職者が入社したいと思う企業」

　人材紹介会社側の視点で考えると、「求職者に紹介したい」と考えるのは、以下の2つを兼ね備えた会社です。

- 内定を出してくれる会社
- 求職者が入社したいと思う会社

　人材紹介会社は、求職者の採用が決まってはじめて報酬を得られます。よって、「内定を出してくれる会社」への紹介数が、「採用を断り続ける会社」より多くなるのは当然のことです。求職者の内定承諾までたどり着けない（入社したいと思われない）場合も、人材紹介会社の収益につながらないため、紹介数は減ってしまいます。
　つまり、欲しい人材の要件と合致した方の紹介数を増やすには、キャリアアドバイザーに対して、採用したいターゲット像をきちんと伝えつつ、自社の魅力を訴求する必要があります。しかし、人材紹介会社を利用している企業のほとんどは、自社の魅力などを伝えきれていないのが実情です。

（3）人材紹介会社向け資料・プレゼンの内容

（例）人材紹介会社向けの資料を用意

（例）人材紹介会社一社一社と面談してプレゼン

自社の魅力、よく聞かれるQ&A、こんな方にお勧め、先輩社員の一日のスケジュール、社内行事の様子　etc..

求職者の人にも人材紹介の人にも、魅力がしっかり伝わるように作りましょう！

　キャリアアドバイザーに選ばれるためには、以下の内容をまとめた人材紹介会社向けの資料を準備することが大切です。

- 自社の魅力
- よく聞かれるQ&A
- こんな方にオススメ
- 先輩社員の1日のスケジュール
- 社内や仕事の様子
- 安定性・将来性　など

　複数の人材紹介会社を利用している場合は、キャリアアドバイザーにも求職者にも魅力が伝わるよう、準備した資料をもとに1社1社と面談しましょう。

（4）CA、RAとの継続的な関係構築

　CA、RAとのコミュニケーションは、最初のタイミングだけでなく、継続的にとることが重要です。
　紹介をしてくれたときのお礼や他の人材紹介会社における利用状況の共有など、採用不採用は関係なく紹介人材のフィードバックをする、

紹介人材と必ず面談をするなどです。

上のようなコミュニケーションを繰り返すことで、直近で採用した人材の要件を伝えて、ターゲットのイメージをつかんでもらえたり、熱心な会社と評価してもらったりすることで、紹介の質と量が増えていきます。

自社内で採用に関して一定の権限をもつ人間が、CA、RAと直接関係構築することをおすすめします。

3　有資格者・経験者・難易度が高い職種の採用に成功した事例

第4章第2節で求人原稿の改善事例として取り上げた広島県の会社では、求人に書き切れない会社の魅力などを資料にまとめ、人材紹介会社へアプローチしました。すぐには結果が出なかったものの、序々に推薦が増えました。結果的に、人材紹介会社を通して欲しかった経験者を2名採用できたとのことです。

また、資料としてまとめたことで自社の魅力を再発見するきっかけとなり、リファラル採用も増えたという話も聞いています。このような資料は、求人原稿の書き換えやダイレクトリクルーティングに依頼する際も役立つため、ぜひ作成してみてください。

第3節
マネージャー・社長の右腕採用のポイント

「社長がやっていることをそのまま実行してくれる人なんていません。」

「社長がやっている役割をお願いしたい」「工場長候補を確保したい」「経営企画室の方が欲しい」など、いわゆる幹部人材の採用もニーズが高い傾向にあります。しかし、前提として理解していただきたいのは、「社長がやっていることをそのまま実行してくれる人なんていません」ということです。そのような人材がいるとすれば、すでに社長や代表として活躍しています。

よくあるのが、自社の様々な業務を社長自ら引き受けていたものの、手一杯になって「自分の役割を任せられる人が欲しい」となるパターンです。とはいえ、すべてを任せられる人はいないうえ、少しずつ任せたとしても成長後独立してしまうリスクがあります。

では具体的にどのような対応をすべきか、マネージャー・社長の右腕などの幹部人材を採用するために押さえたいポイントを見ていきましょう。

1　任せること・実現したいことの明確化

何を任せて、何を実現したいかを明確にしないと
欲しい人材が定まらず、採用活動が進まないし誰も応募してこない、、、

大事なのは・・・何を任せて、何を実現したいかを明確にすること

　まずは、「採用したい幹部人材に、何を任せて、何を実現したいか」を明確にすることが大切です。この点が不明瞭なままだと欲しい人材が定まらず、誰からも応募が来ない状態となり、採用活動は一向に進みません。

　例えば、一口に経営企画といっても、既存事業部のマネジメントと新規事業の立上げとでは、必要なノウハウは異なってきます。また、財務やマーケティングなど、何を中心に見て欲しいかによっても人材像は変わってきます。採用した幹部人材が入社後に活躍できるよう、任せること・実現したいことをまず整理しましょう。

2　未来の想像

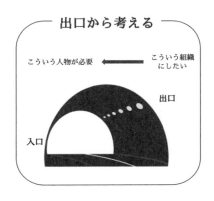
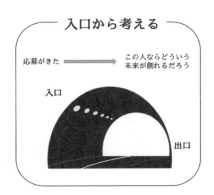

「**1　任せること・実現したいことの明確化**」は、未来の会社像を描いたうえで必要な人材を探す、いわば出口から考える方法です。しかし、場合によっては、応募が来てから「この人とは、どのような未来が創れるだろう」と、入口から考える方法のほうがやりやすいときもあります。幹部人材は、施工管理やエンジニアなど仕事内容が明確な職種よりも、ターゲット要件とピンポイントで合致する人が集まりにくいためです。

例えば、経営企画を担う幹部人材であれば、「財務視点」「人事視点」などいくつかのパターンを想定しておき、実際に応募してきた方のスキルに応じて選択するのも1つの方法です。

3　人材像の整理

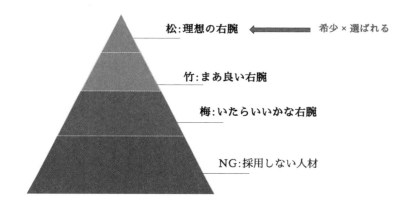

　最初から幹部になれるような優秀な人材は、希少性が高い分、自社を選んでもらうということが非常に難しくなります。
　だからこそ、人材像の整理がより重要です。**第4章第1節**で触れたように、松竹梅で欲しい人材の採用条件を言語化したうえで、採用活動を始めましょう。

4 選択肢の拡大

選択肢	使い分ける	メリット	デメリット	開始までのスピード	人材の見つけやすさ
社員を雇用する	・長期的な経営戦略や持続可能な事業運営を目指し、組織内部での知見を活かしたい場合に適している	・長期的に組織に最適 ・組織文化に溶け込みやすく、内部での関係構築が容易 ・継続的な知識やスキルの対話が可能	・初期の雇用コストが高い、給与や福利厚生などが発生する ・採用や教育に時間がかかる ・必要なスキルが急速に得られない場合がある	・採用、選考、育成に時間がかかり、開始までの期間が長くなる場合が多い	・特定スキルを持つ人材を見つけるのが難しい場合があり、特に競争の激しい業界では採用難度が高い
コンサル会社に頼む	・専門的な知見が必要な場合や当面の成果を求めるプロジェクトに適している	・高度な専門知識や経験にアクセスできる ・客観的な視点と第三者意見が得られる ・迅速に課題を分析・解決しやすい	・コストが高くなることが多い ・短期的な関与が主で長期的な支援には保留がある場合がある ・業務内容を理解するまでの時間がかかることもある	・比較的に迅速に開始可能だが契約や目的調整に時間がかかる場合もある	・業界、分野によっては見つけやすいが特定のスキルや専門性に合う会社を探すことに手間がかかる場合もある
副業やフリーランスに頼む	・特定のスキルを短期的・効率的に補完する際や、コストを抑えつつ、専門性を求める場合に適している	・必要なタイミングで契約しやすく、柔軟な契約が可能 ・コストを抑えられる（定期に比べて支出が低い） ・特定分野の専門家をすぐに活用できる	・組織へのコミットメントが制限される場合が多い ・長期的な貢献意欲が薄い ・コミュニケーションの質と量にバラつきがある	・比較的早く開始可能 ・特に契約条件が明確であればスムーズ	・オンラインプラットフォームを活用することで比較的簡単に見つけやすいが、質の高い人材を見つけるには労力がかかる

　他の手法として、幹部人材に任せたいことをコンサル会社や副業・フリーランス人材に依頼して、解決する方法もあります。

　コンサル会社であれば、マーケティングに強いところや商品開発に特化したところなど、自社の弱い部分を補ってもらえる会社を選べます。副業・フリーランス人材はハーフコミット・3分の1コミットといった自由な形態で、本業や前職で培ったノウハウを活かしてもらうことも可能です。もちろん、社員として雇用するのも、長期的な視点で見ればメリットがあります。しかし、人件費が固定費としてかかる、うまくいかなかったときの替えが効かないといったデメリットがあるのも事実です。その点、コンサル会社などは費用が比較的高いものの、変動費化できます。うまくいったら社内で内製化を進めるのもよし、たとえ失敗しても一種の投資と考えて契約を終了すれば済む話です。幹部人材を確保したい会社は、目的に応じて社員として雇用する以外の選択肢もあることを覚えておきましょう。

第7章　目的別の攻略法　269

5　既存人材と新規人材の関係構築

「営業組織の部長を採用したい」「福祉事業の管理者を確保したい」など、既存事業の管理を任せる人材を採用したいという声も多々あります。しかし、採用を成功させるためには、以下の２つを理解しておくことが大切です。

（１）既存事業に配属するトップの採用難易度
（２）起こり得るエラーと対処法

それぞれ詳しく見ていきましょう。

（１）既存事業に配属するトップの採用難易度

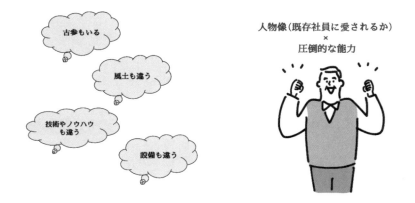

中小企業では既存事業の管理を任せる人材を採用できたとしても、長く活躍できているケースは少ないと感じます。難易度が高い理由は古参の従業員がいるうえ、以下をはじめとして前の会社と異なる点が多いためです。

- 風土、価値感
- 人材の質、年代
- 技術やノウハウ
- 設備や提供サービス　など

　このような状況の中で新しいトップが定着するには、既存人材に認めてもらえる、愛される人柄はもちろん、圧倒的な能力との両方が必要になります。しかし、このような方はすでに他社で相応のポジション・待遇で活躍しています。転職する理由ができにくい分、母数として少ないため、採用難易度が高くなるのです。

（2）起こり得るエラーと対処法

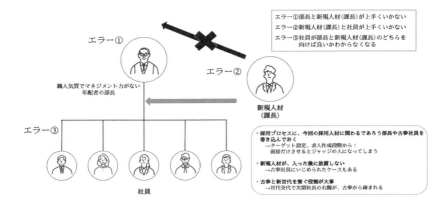

　既存事業の幹部人材として採用する際は、「現状の組織へ実際入ったとき、何が起こるか」を事前に想像して対策することが大切です。特に製造業や建設業など職人気質の会社では、既存人材と新規人材の間で以下のようなエラーが起きがちです。

- 部長と新規人材（課長）が上手くいかない
- 社員と新規人材（課長）が上手くいかない
- 社員が、部長と新規人材（課長）のどちらを向けばよいかわからなくなる

　例えば、長年の経験で実務のスキルは非常に高いものの、マネジメント力はない部長がいたとしましょう。ここに、社員をまとめられるような人を入れる意図で新しく課長を採用すると、上記のようなエラーが起こりやすくなります。

　とはいえ、長年貢献してきた部長をむげに変えることはできません。このような場合は、人事制度の導入で公正な評価をもとに異動を命じる、特任部長など部長の役職を残しつつマネジメントラインから外すといった方法が有効です。また、以下のような対応も重要になってきます。

- 採用プロセスに部長や古参社員を巻き込んでおく
- 新規人材が入った後に放置しない
- 古参と新世代をつなぐ人を配置する

　既存事業の幹部人材を採用する際は、組織に入ってどのように機能するかを想定したうえで、「では、どこを最初にケアすべきか」を考えることが大切です。

6　その他

　幹部人材の採用時は、自治体のUIターン補助金の取得サポートや借り上げ社宅の準備なども視野に入れてみてください。このような対応があれば、他社からの転職や他県・他市町村からの移住もしやすくなり、応募母数の拡大に寄与します。幹部人材を採用しやすくなるよう、自社でできることはないか、社内で前向きに検討しましょう。

第4節

大量採用のポイント

　製造系や福祉系の企業では、「拠点を作るために10人～20人の人員を確保したい」というケースも少なくありません。**第4節**では、このような大量採用のポイントを解説します。

1　採用計画の策定と改善

　大量採用で第一に重要なのは、採用計画の策定と改善です。具体的には、以下の2つが必要になります。

（1）KPI 設計
（2）週次の予実管理への落とし込み

それぞれ詳しく見ていきましょう。

(1) KPI設計

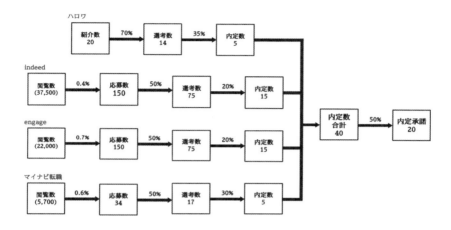

　大量採用では、**第4章第4節**で触れたKPI設計がより重要になってきます。採用したい目標人数をもとに、内定数や選考数などをあらかじめ逆算しないことには、数十人規模の大量採用は到底達成できません。

　そのため、まずは「この数字設定であれば、○人採用できる」という現実的な計画を立てましょう。計画どおりに進まない場合は、KPIのどこかの数字が合っていない可能性があるため、その都度見直しをかけてみてください。

(2) 週次の予実管理への落とし込み

　設計したKPIは週次の予実管理表へ落とし込み、現状として計画を達成しているか、ビハインドなのか、進捗を確認できるように可視化しましょう。ビハインドであっても、リカバリーに向けて次週には動き出せるため、機会損失を限りなく減らせます。

　このように毎週状況を把握し、各KPI（率と数）のギャップを都度改善すれば、期日までに目標人数を採用できるようになります。

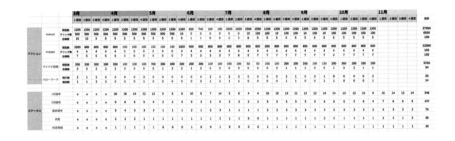

2　スピード対応と負担のバランス調整

スピード上げて対応したいが、全員対応していたら担当者がパンク、、、

　大量採用の場合、関わるスタッフの負担が非常に大きくなります。「応募者全員に電話ヒアリングして、動機づけと面接設定をしたい」というスタンスは大切ですが、大量採用の場合は現実的ではありません。とはいえ、応募者全員に選考書類の送付をお願いすると、今度は離脱が増えて機会損失となってしまいます。

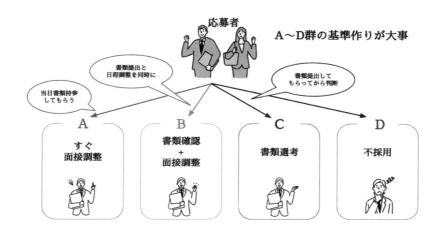

　そこでおすすめしたいのが、応募者をA～Dに群分けする方法です。例えば、年齢や経験などがターゲット人材とほぼ合致していた場合は、A群としてすぐに面接を調整するとよいでしょう。また、A群よりもマッチ度が下がる応募者は、B群として書類を1回確認したうえで面接を調整する、C群は書類を提出してもらってA・B群の状況を見て判断する、D群は不採用といった流れになります。スタッフの負担軽減とスピーディーなやり取りを両立させたい方は、応募者対応に濃淡をつけていきましょう。

3　タイムラグの計測と見直し

　大量採用では、応募から入社までに発生するタイムラグの計測と見直しも大切です。応募してから入社までの期間は、在職している方の場合が2か月程度、すでに離職している方の場合は20日程度です。自社における平均日数を算出しておくと、いつ応募を集めたらよいか目星が付けやすくなります。

　例えば、4月1日までに10人欲しい場合、自社の平均タイムラグがわかれば「〇月〇日までに〇人の応募を集めれば、理論上達成できる」と推算できます。タイムラグは職種や年齢によっても変わってくるため、継続して把握し、必要に応じて見直していきましょう。

4　応募管理リスト

目的① 抜け漏れ防止

目的② 次回採用のためのデータベース

応募者管理リスト例

　大量採用時は、応募管理リストで応募者の情報や対応内容を一覧化することも大切です。応募管理リストを利用する目的は、2つあります。

　1つ目の目的は、抜け漏れ防止です。大量採用では多くの応募者とやり取りをするため、「あの人にどこまで連絡したっけ？」など進捗状況がわからなくなるケースも少なくありません。採用管理ツール（ATS）を使う方法もありますが、年間20人～30人程度の採用であればエクセルやスプレッドシートを自社で作成・管理するのがおすすめです。

　2つ目の目的は、採用情報のデータベース化です。例えば、過去に20人採用したとき、80人の応募があったというデータがあれば、次回も「いつ、〇人の応募を集めたら、〇月〇日〇に人が入社する」という見通しが立ちます。「数字は嘘をつかない」というように、採用の記録をその都度残しておくことで、次回以降の再現性が高まるのです。その分、採用単価を下げる、質を上げるといったことに時間をかけられるようになり、結果として、費用対効果を上げつつ採用の成功率も改善できます。

第5節

外国人採用のポイント

　外国人採用に取り組んでる会社では、採用ルートの理解や社内の整備がある程度進んでいる傾向にあります。しかし、初めて外国人の採用を検討するという場合は、外国人採用に強い専門家に相談するのがおすすめです。専門家と連携できれば、以下のような情報を教えてもらいながら、リスクなく採用活動を進められます。

- 外国人採用の流れ
- 国別の採用傾向・離職傾向
- トラブルの事例や対処法
- 不法滞在の状況　など

　筆者はAOIパートナーズの吉澤様にいつも相談させてもらっています。みなさんも企業の立場に立って外国人採用を考えてくれる専門家を探してみましょう。

第6節 リファラル・出戻り

　目的別の攻略法として最後に紹介するのは、リファラル・出戻りです。それぞれの採用ポイントについて見ていきましょう。

1　リファラル採用のポイント

リファラル採用とは、
自社の従業員に、知人や関係者などを紹介・推薦してもらうことにより、採用につなげる方法のこと

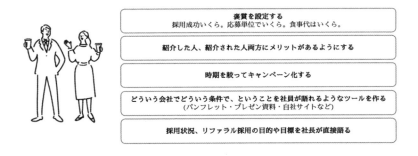

褒賞を設定する
採用成功いくら。応募単位でいくら。食事代はいくら。

紹介した人、紹介された人両方にメリットがあるようにする

時期を絞ってキャンペーン化する

どういう会社でどういう条件で、ということを社員が語れるようなツールを作る
(パンフレット・プレゼン資料・自社サイトなど)

採用状況、リファラル採用の目的や目標を社長が直接語る

　リファラル採用とは、自社の従業員に知人や関係者などを紹介・推薦してもらい、採用につなげる手法です。自分が働いていて嫌だと思う会社は紹介しないため、リファラル採用が多い会社は「自社には紹介してもらえるだけの魅力がある」と自信を持ってください。リファラル採用をより強化したい会社は、以下のポイントも実践してみるとよいでしょう。

第7章　目的別の攻略法　281

- 褒賞を設定する
- 紹介した人・された人の両方にメリットがあるようにする
- 時期を絞ってキャンペーン化する
- 会社の魅力や雇用条件を社員が語れるようなツールを作る
- 採用状況やリファラル採用の目的・目標を社長自ら語る

　褒賞は、採用に成功したときや、応募があったときなどに与えるようにすると、紹介の活発化につながりやすくなります。なかには、紹介候補の知人を誘い食事をする際の費用を経費として会社が負担するケースもあります。

　また、褒賞は紹介された側の人にも支払うことで、リファラル採用に平等・公正なイメージがつき、より紹介が増える傾向にあります。とはいえ、年中対応していると当たり前になってマンネリ化してしまうため、「〇月〜〇月はリファラル採用について、〇〇というキャンペーンをします」と時期を絞ることも大切です。

　第7章第2節で触れた人材紹介会社向けの資料は、社員に渡しておくと自社の魅力や条件を語る際にも役立ちます。パンフレットや自社サイトがあると、より紹介しやすいでしょう。

　さらに、社長から社員にリファラル採用の目的や目標を伝えることで、お金をもらって紹介することへの社員の抵抗感を減らせます。具体的には、「〇〇を目指しているので、皆さんの知り合いで〇〇な人がいてくれると、うちの会社としても皆さんとしても〇〇のメリットがあると思うのでお願いします」と社長が直接伝えてみてください。「そういうことなら」と頑張って動いてくれる人も増えるので、リファラル採用を強化したい会社は、トップ自ら動きましょう。

2　出戻り採用（アルムナイ採用）のポイント

アルムナイ採用とは、何らかの理由で自社を退職した人を再雇用する採用手法のことです。

　出戻り採用はアルムナイ採用とも呼ばれ、何らかの理由で退職した人を再雇用する採用手法です。よくある出戻りは、「外の芝（他社）が青く見えて新卒で入った会社を辞めたものの、現実としてそんなことなかった」と戻ってくるパターンです。出戻り採用で自社経験のある人員を再確保したい会社は、以下のポイントを実践しましょう。

- 出戻り採用専用のサービスを活用する
- 退職するときにギクシャクしない（揉めない・去る者追わずに送り出す）
- また戻ってきたくなる関係を保つ
- 退職した人に誰がアプローチするか決めておく（同僚・先輩・上司など）

　最近では、出戻り採用専用のサービスといったものもあります。退職した人たちのコミュニティを維持して、出戻りを支援するサービスを提供している会社もあるため、興味がある方はぜひ「アルムナイ・ツール」を検索してみてください。
　とはいえ、会社との関係性にヒビが入っていると、「また働きたい」

と出戻りを考える可能性は低くなってしまいます。したがって、退職するときは、無理に引き留めたり揉めたりしてギクシャクしないよう、「去る者は追わず」のスタンスも必要です。

　また、同じく声がかかるとしても、同僚からと先輩から、上司からでは印象がまったく異なります。そのため、また連絡したくなる関係性を維持すると同時に、退職した人に誰が声をかけるかを決めておくことも大切です。

第 **8** 章

社内採用体制の整備

» 第8章では社内採用体制の整備、つまり「どのようなメンバーで採用活動を行えば、より効果的で成果につながるか」について解説します。

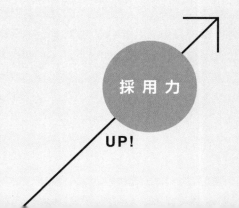

採用担当に向いている人

第1節では、採用担当に向いている人について見ていきましょう。

1　普段の仕事と採用活動の違い

　採用担当の向き・不向きを理解するには、第一に普段の仕事と採用活動の違いを知ることが大切です。普段の仕事と採用活動の違いとしては、主に以下の2つが挙げられます。

（1）目的の明確化から実行における担当範囲
（2）業務の性質

それぞれ詳しく見ていきましょう。

（1）目的の明確化から実行における担当範囲

普段の仕事と採用活動の違い

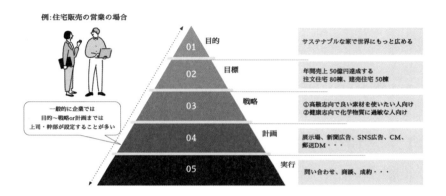

どのような仕事も上図のとおり、目的から実行までの各段階がピラミッド構造になっています。このうち、目的の明確化から戦略設計は社長や部長が対応し、係長・課長以下が計画に基づいて実行するのが一般的です。

例えば、戸建て住宅の販売営業を例に考えてみましょう。「サステナブルな家を世界に広げたい」という目的（ビジョン）があった場合、売上や販売戸数の目標やターゲットに合わせた戦略を、社長などが設計していきます。その戦略を計画に落とし込み、展示場や広告の出稿をはじめ、問合せや商談といった実行部分の対応をするのが係長以下の人員です。

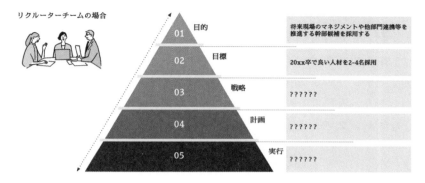

　一方、採用活動の場合、目的や目標は上層部から降りてくることはあっても、戦略設計以降は採用担当者やリクルーター自ら動く必要があります。実行部分だけでなく、戦略や計画を自ら描けないと採用活動は成功しないのです。そのため、採用担当者には「目標に対して、どのような戦略や計画を立てて実行すれば達成できるか」を常に考えられる力が求められます。

（2）業務の性質

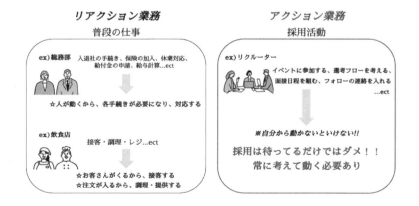

労務や総務の方が採用担当を兼任するケースがよくありますが、業

第8章　社内採用体制の整備　289

務の性質が異なることを理解しておかないと採用活動は成功しません。労務や総務などの仕事は、入社の手続きや社会保険の加入など、人が動いてから対応する「リアクション業務」です。対して採用活動は、求人掲載やイベント参加、見学会の企画など、基本的に自分から動く「アクション業務」が主となります。

つまり、普段取り組んでいる「リアクション業務」の仕事と同じようなスタンスで、人が動くのを待っているだけでは採用活動は進まないのです。特にリアクション業務メインの方が採用担当に携わる場合は、アクション業務への思考の切替えを意識することが大切です。

2　採用担当者に求められる力

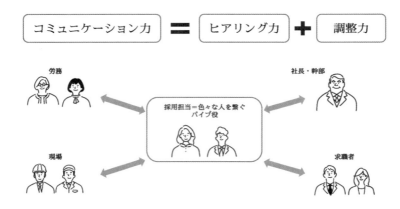

採用担当者に求められるのは、ずばり「コミュニケーション力」です。細分化すると、「ヒアリング力」と「調整力」の2つが挙げられます。

欲しい人材像のヒアリング例	調整の例
社長や部長「経験者が欲しい」 現場「未経験者が欲しい」	未経験者の応募があった →現場の意見も踏まえて、社長へ交渉する

採用担当者で避けたいのは、ただの聞き役になることです。「社長（または現場）がこう言っているので、採用できません」となってしまっては、貴重な求職者を逃してしまうことになります。また、下表のような求職者がいた場合も、各所とヒアリング・調整を重ねる役割として採用担当者が動く必要があります。

給与のヒアリング例	調整の例
求職者「提示された給与が、現年収より低い」	・現職者の年収とバランスを図りながら給与調整できるか労務に相談する ・社長から決裁をとる

　つまり採用担当者は、各所の要望をきちんと聞きつつ上手に調整する、いわば人々をつなぐパイプ役としての力が求められるのです。

3　採用が成功した担当者コンビのパターン

　筆者が採用支援をした会社の中で、「うまくいったな」と感じた採用担当の組合せがあります。それは、「素直で元気な若手」と「現場を知っているベテラン」のコンビです。

若手の特徴	ベテランの特徴
○フットワークが軽い ○若手の求職者と同じ目線に立ちやすい △「皆が先輩」状態で、言われるがままのケースも多い	△フットワークが重い △若手の求職者と同じ目線に立ちにくい ○現場をよく知っている

　このコンビでは、若手がリクルーターの動きをして、ベテランが調整役を担っていました。互いの利点が互いの欠点を補う関係が功を奏し、採用活動の経験がまったくなかった状態からスムーズに内製化まで進められた成功事例となっています。

4　専任と兼務の判断基準

　「採用担当者は専任と兼務、どちらがよいか」という相談も、よく受けます。目安としては、「正社員を年間20人以上採用したいなら、フルタイムの専任担当者を1人配置」といわれています。よくある失敗として、たくさん採用したい割に専任者がいない、逆に少人数採用の割に専任者を置いて暇になっているケースです。
　20人前後に対して1名の専任者を配置することを基準として、もう少し採用業務に集中してもらいたい場合は15人に1人、あるいは10人に1人といった調整をするとよいでしょう。採用人数が20人未満であ

れば、パート職員の配置や他業務との兼務が適切なボリュームといえます。

　ただし、新卒を採用したい場合は、一概に人数だけでは判断できません。現場の先輩に近い方がリクルーターをしたほうが、「この先輩みたいになりたい」という惹きつけをしやすいためです。新卒を採用する際は、現場職員が採用担当を兼務できるよう調整するのも1つの方法となります。

第2節 採用主担当がいない中小企業におすすめする採用チームの組立て方

第2節では採用チームの組立て方として、外部ノウハウの活用や採用を学ぶべき人について解説します。

1　外部ノウハウの活用

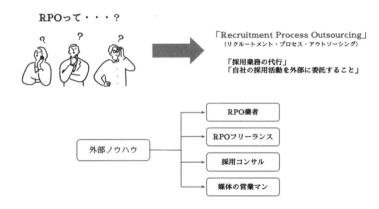

採用担当者が不在の会社では、手が足りないだけではなく、そもそも採用に関するノウハウがないという課題があります。このような場合は、以下のような外部ノウハウの活用がおすすめです。

- RPO 業者
- RPO フリーランス
- 採用コンサルタント
- 媒体の営業マン

RPO（リクルートメント・プロセス・アウトソーシング）とは、採用活動に関わる各業務を代行してくれるサービスです。会社として行っているところもあれば、フリーランスとして対応している方もいます。

　また、代行だけではなく戦略設計からサポートを受けたい場合は、採用コンサルタントへの依頼が選択肢として上がります。マイナビやIndeedなど求人媒体の担当者も（全員ではないですが…）専門知識を豊富に持っているので、定例ミーティングを組んでノウハウを吸収する機会を持つのもよいでしょう。

　このように、自社のリソースに合わせて業務の一部を外部の専門家に任せるのも、採用活動を成功させるコツの１つとなります。

2　採用を学ぶべき人

従業員100名までであれば社長、せめて事業部

採用市場、若者の傾向を正しく知っている必要がある

　外部に頼り切ってしまうと、依頼費用がかさむうえ内製化がなかなか進みません。内部の人がきちんと正しい判断ができてこそ外部のノウハウを有効活用できることを考えると、やはり自社内でも採用について学ぶ人が必要です。

　従業者が100名ほどの会社であれば、まずは社長が、手が回らない場合は役員、せめて事業部長が、採用ノウハウをしっかり押さえてお

第8章　社内採用体制の整備　295

く必要があります。また、面接や育成の担当となる直属の上司も、採
用市場や若手の傾向を知ったうえで対応できるよう積極的に学んでい
きましょう。

第 **9** 章

企業力に頼らない
採用成功事例集

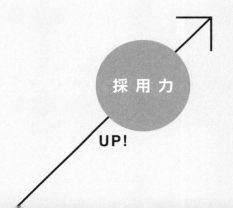

第1節

事例① 著者（採用プロ）による成功事例

採用支援事例

半年の支援で、なんと採用成功率400％！！

採用プロ
澤田

人気の職種ではない職種こそ、原稿内でいかにハードルを下げて興味を持ってもらえるかが大事です。

募集職種	タクシードライバー		
事業内容	一般乗用旅客自動車運送事業（ハイヤー・タクシー）	エリア	東北地方　宮城県
採用達成率	400％	売上/社員数	4200万円　100名
先方担当者	総務課長1名		

支援前・課題	人材紹介、有料広告媒体を使って、年1名採用できるか出来ないか。近隣でライバル企業も多く、採用に苦戦
目指すゴール	月1名採用の計5人目標（できるだけ多く）
支援内容	・無料媒体及び有料求人広告の運用改善 　※特にライバル企業が使っていない媒体の積極活用 ・人材紹介のエージェントコントロール ・社員インタビューによる魅力の言語化、写真撮影 ・内製化
成果	20名入社（支援終了時）、その後、内部人材のみで活動継続、さらに20名採用

第9章　企業力に頼らない採用成功事例集　299

全社で採用に取り組める企業は強い！！

採用プロ 佐々木

採用はセールスに似ています。いかにターゲットに自社の魅力を端的に伝えられるかが肝です。これを徹底的に突き詰めることが採用の近道だと思います。そのため全社で採用に取り組める企業は強いです。

募集職種	工場作業員（部品製造）		
事業内容	金型製作・部品製造	**エリア**	北陸地方　福井県
採用達成率	200%	**売上/社員数**	非公開　43名
先方担当者	社長、主任		

支援前・課題	・社長が2代目に代わり、新規の経営計画を策定、計画達成のために人材獲得がネックとなっていた ・採用のノウハウは社内にはなく手探りの状況
目指すゴール	工場作業員を半年で3名採用したい
支援内容	・外部（競合）と内部（魅力・強み）の情報を洗い出し、ターゲットの設定および求人の魅力をアップ 　→ターゲットの求職者が比較しやすく選びやすくする ・媒体の拡充（Indeed、ハローワーク、他無料媒体、県が運営する媒体への出稿）による認知度のアップ ・ホームページの採用コンテンツの拡充（求職者が求める情報と自社PRの整合性を保ちつつ） ・ブランディングの強化（各種認証の取得・HPや求人媒体などコンセプトの統一） ・未経験が安心して入社できる仕組みの構築（会社説明会・新入社員向けテキストおよび研修の構築）
成果	半年で3名の採用に成功。採用を継続することで若手世代や会社にマッチした人材からの応募が発生するようになった。近々の人手不足から未来の組織づくりのための採用へシフトすることができた。

当たり前すぎて強みだと思ってなかったことが、自社の良い魅力になる

採用プロ 宮坂

企業側から見ると、当たり前すぎて気付けなかった会社の魅力が沢山ありました。そのためMTG、インタビューにてとても細かいところまでヒアリングし、求人原稿に反映。
人材紹介から数年応募がなかった営業職が求人公開から1カ月で2名決まり、喜んでいただけました。

募集職種	営業、現業（機械オペレーター、ドライバー兼倉庫スタッフ）		
事業内容	非鉄金属の卸売	**エリア**	北陸地方　富山県
採用達成率	80%（支援中のため）	**売上/社員数**	350億円　186名
先方担当者	社長、管理部長1名、担当者1名		

支援前・課題	・マイナビ、リクルートエージェントを利用していたが、新卒、中途採用ができていない。 ・新卒に関しては3年間採用できていない。中途も新卒も苦戦していたために、プランを描けなくなっている ・今の採用のトレンドも認知した上で、社内で根付かせていくことをやっていきたい。
目指すゴール	6職種 10名採用 12か月で最適な「採用の仕組み・体制」を構築し、ノウハウを内製化する
支援内容	・ターゲット設定、採用力の強化 ・松竹梅のターゲット設定、ターゲットに合わせた求人作成 ・入り口の強化 ・ハローワークに加え、Indeed、Airワーク他、無料媒体への出稿、分析、改善 ・社員インタビューによる魅力の言語化 　→自分達では当たり前すぎて気づいてない魅力の掘り起こし、言語化。 ・担当者への採用ノウハウ内製化サポート
成果	新潟県内A支店　営業　1名採用　終了 新潟県内B支店　営業　2名採用　終了 大阪府内　現業　1名採用　終了 富山県内　現業　4名採用（うち2名内定）終了予定 その他職種　継続支援中

300　応用編−早期離職対策と特定のニーズに対する戦略とテクニック−

採用コストゼロで4名の入社を実現！ 若手人材の採用成功と安定した応募の流れを構築

採用プロ
好井

年間休日85日で給与水準も高くない中での採用だったので、よりその会社で働き続けられる魅力を全面に出しました。採用コストをかけない事を徹底しました。

募集職種	浄化槽管理士、一般廃棄物のドライバー		
事業内容	一般廃棄物及び産業廃棄物の収集運搬業務	エリア	中国地方　岡山県
採用達成率	200%	売上/社員数	20億円　55名
先方担当者	社長、副社長、事務1名		

支援前・課題	ハローワーク、採用HPを通じた採用活動をしていたが、年間を通しても1〜2名しか応募がきていない状況。また社員の高齢化のため世代交代を行いたいと考えていたが、若い人材の採用が出来ておらず、全社員の平均年齢は59歳であった。
目指すゴール	短期的なゴールは、20代〜40代の若い社員を2名採用 長期的なゴールは、自社内で採用できる体制を整えること
支援内容	①事業から逆算した採用ターゲット・採用要件を策定 ②「自社が採用したいターゲット・自社の魅力＆条件で採用できるターゲット・現在活躍してくれている社員」 　この3つを洗い出し、重なりあっている部分を採用ターゲットに選定。 ③3C分析や社員インタビューを通して、自社の魅力を明確化。 ④②で設定したターゲットに③で洗い出した魅力を響く表現で原稿に落とし込む
成果	無料媒体のみを活用し、20代、30代、40代の採用に成功。従来の年間応募数1〜2名から、毎月2名以上の安定した応募がくる状態を確立。 また、事務職の方に採用ノウハウ勉強会と実務支援を実施することで、内製化に成功。自社のみで応募を集められるようになった。

採用力向上でコスト半減を実現！

採用プロ
坂村

運任せの採用ではなく、求職者に「刺さる」求人原稿をつくり、地道なプロセスの積み重ねを伴走しながら進めていきました。

募集職種	保育士、介護士、看護師		
事業内容	保育園、住宅型有料老人ホーム、訪問看護	エリア	東北地方　宮城県
採用達成率	100%	売上/社員数	20億円　246名
先方担当者	社長、総務マネージャー1名、採用担当1名		

支援前・課題	・Indeedなどの求人媒体を使用していたが、効果が出なかった。 ・保育士、看護師に関しては人材紹介会社に頼ることが多く、採用コストが一人当たり100万円程度かかっている。 ・高いコストを支払っても応急処置にしかならず、自社に採用のノウハウが溜まらないのがもどかしい
目指すゴール	半年後に各事業において2名以上の正社員の採用ができている。 採用コストを抑えること。また、今後人材紹介に頼らずに、採用活動一連のノウハウを従業員に内製化できていること。
支援内容	・採用入り口と質の強化 　Indeedのみの求人媒体だったため、Airワークやengage等の他求人媒体も活用。採用媒体運用も行い各求人の分析、改善を行うことにより、採用活動の質を高めた。 ・求人原稿のブラッシュアップ 　どのような情報を訴求すれば自社の魅力が伝わるか相談をしながら自社媒体の強化まで貢献。魅力を高めるための社員インタビューも実施。 ・担当者への採用・人材定着ノウハウ内製化 　担当者に採用業務の一連の流れをインプットし、自走できるようサポート。オリジナルの戦略設計図と採用マニュアルを作成し、担当者が代わってもいつでも引き継げるよう自社に採用ノウハウが残るように内製化を行った
成果	【介護士2名、看護師1名、保育士2名】の採用に成功!!　結果的に人材紹介会社に頼まなかった事で500万円以上のコストダウンに繋がった。 採用担当者が本プロジェクトに一緒に参加した結果、採用ノウハウが定着し、採用担当として求人媒体の適正管理や運用ができるように! 採用支援終了後も掲載開始からわずか2週間で介護士正社員2名の応募を獲得!

第9章　企業力に頼らない採用成功事例集

会社の強みを生かした採用手法を探しだし、無料媒体で3名入社！

採用プロ
小沢

専門性が高い仕事なので、ターゲット層にわかりやすい求人内容にする事、そして社長・専務の人柄がとても良いので、一度会ってもらえるように説明会の機会をふやしました。

募集職種	製造スタッフ（板金塗装、組立、溶接、製缶溶接）		
事業内容	板金加工、製缶加工、機械加工	エリア	東北地方　福島県
採用達成率	150%	売上／社員数	1〜5億　21名
先方担当者	社長、専務1名、総務（内製化のため）2名		

支援前・課題	採用ノウハウがなく、どうしたらいいのかが分からず、Indeedに30万課金したが、1名も応募がなかった。 新工場を建設予定で、新たな媒体等を利用しても成果が出ない。
目指すゴール	半年後に2名の採用 内製化して、自社で採用を進められるようにしたい
支援内容	①採用ターゲットの設定や、インタビュー等により企業の強みを最大限に訴求。 ②採用戦略を練り直し、無料媒体の運用のみで月3〜4件の応募を実現。 ③Indeedやハローワークなどの無料媒体をフル活用し、潜在層向けに独自の企業説明会も実施。 ④採用の仕組み化・内製化を実施し、プロジェクト終了後に自走できる状態まで支援。
成果	無料媒体のみの運用／6か月で応募17名、採用3名

会社の魅力を言語化、企業のリテラシーも上昇し採用成功へ

採用プロ
小沢

施工管理は採用難易度が高いからこそ、その会社の魅力を掘り起こし、前面に押し出すことが重要です

募集職種	土木施工管理（1級・2級）、建築施工管理（1級・2級）、現場作業員		
事業内容	建築土木施工業	エリア	東北地方　福島県
採用達成率	140%	売上／社員数	70億円　60名
先方担当者	常務1名、総務部長1名、総務課長1名		

支援前・課題	媒体からの応募0。年に1名社員、または役員の紹介で入るかどうか。 そんな状態で大型工事が決まり、人が足りないのが目に見えていたが、何をしていいか分からない。
目指すゴール	1級2級土木施工・建築施工管理：3名ずつ3か月後には入社していてほしい　　現場作業員：4人6か月以内に採用したい
支援内容	①入口強化 　→ビズリーチ、人材紹介、ハローワーク、無料媒体の活用、原稿内容の改善 ②選考フローの見直し、改善 　→スピード対応、引っ越し手当・サポートの提案、年収提示についてのアドバイス ③魅力の言語化、社員インタビュー、写真撮影、会社紹介資料作成 ④内製化
成果	合計14名 1級土木施工：3名内定2名入社、1級建築施工管理：2名内定2名入社 2級土木施工：4名内定4名入社、現場作業員：2名内定2名入社、無資格者：2名入社、建設業経理士：2名入社

採用活動を通して社員が誇れる企業へ！

採用プロ
鈴木

工場勤務と聞くとネガティブなイメージを持つ方が大勢います。しかし、お話を伺うと作る製品、働き方、その会社独自の福利厚生などの魅力が見えてきます。そのような魅力をしっかり求人に載せ、求職者にしっかり届けることで採用が達成できました。

募集職種	機械オペレーター、包装梱包スタッフ		
事業内容	印刷加工業	エリア	東北地方 宮城県
採用達成率	150%	売上/社員数	10億円 30名
先方担当者	社長1名、担当者2名		

支援前・課題	候補者となる方からの応募が全くない状況。採用のノウハウがない。 工場勤務ということで3Kというイメージから若い人は欲しいけれども期待出来ない状況。
目指すゴール	機械オペレーター、1.2名の採用 途中から包装梱包スタッフの採用を追加
支援内容	・気付かれない魅力の発見 　→徹底的にヒアリングを行い、働きがい、働きやすさ、事業の安定性などの魅力を見つける ・入り口の強化 　→無料媒体を全て活用し求職者との接点を拡大 ・細かいPDCA 　→ターゲットに合わせた写真の変更や、キャッチコピーの修正など毎月ブラッシュアップを実施
成果	支援7カ月で3名入社。

第2節

事例②採用ブランディング

株式会社Fan 様・・・稼ぐこと以外のFanで働く魅力を言語化

株式会社大崎製作所 様・・・社長や部長の見た目が怖いから動画インタビュー

有限会社新生工業 様・・・辞めた人の声、退職者インタビュー

株式会社エフワイ 様・・・家族ブロックを防ぐパンフレット

株式会社青山 様・・・面接者が口下手なので、読むだけの会社説明資料

　第2節で紹介するのは、採用ブランディングの事例です。一口にブランディングといっても、以下のようにアプローチすべきところは会社によって異なります。

- ホームページのライティング部分を改善したほうがよいパターン
- 動画やパンフレットを活用したほうがよいパターン
- 会社説明資料を作ったほうがよいパターン

実際に採用ブランディングが成功した具体例を5つ見ていきましょう。

1　株式会社Fan様

Point 01

**特定の金融機関に属さないため、
営業ノルマはありません**

営業員は特定の商品だけを販売する必要はなく、営業ノルマも一切ありません。幅広い選択肢からお客様にとって最良のポートフォリオを組み、ご提案することができます。

Point 02

**「自社商品の販売」優先ではなく、
「お客様に最善」の提案を**

特定の金融機関の営業方針に縛られることがないため、中立的な立場から、お客様のライフプランに応じた金融商品のご提案や資産運用のアドバイスをすることが可能です。

（出典）株式会社Fan「働く環境」より
https://fancorp.jp/recruit/environment/

　株式会社Fan様は、IFA法人として、金融商品の仲介業を行っている企業です。富山県に本社がありますが、東京をはじめ全国各地に支店を抱えています。このような営業職は、売上の還元率、つまり「いくら稼げるか」を転職者にアピールしがちです。しかし、株式会社Fan様の強みは、マーケティングチームやカスタマーチームがある分、営業担当者が集客にリソースを割く必要がなく、顧客への提案内容の検討に集中できる点にありました。

Point 03

会社都合の転勤がなく、お客様と長期のお付き合いが可能

転勤や人事異動はありません。ひとつの地域に根付き、世代を超えてお客様と一生のお付き合いを通じて、心から信頼できる関係を築くことができます。

Point 04

お互いの得意分野を共有し、知識や提案の幅を広げていく

証券、銀行、保険、不動産出身のメンバーが協力し横断的な提案を行っています。それぞれが得意分野を伸ばし、他メンバーと学び合いながら自身の知識や提案の幅を広げられる環境です。

（出典）株式会社Fan「働く環境」より
https://fancorp.jp/recruit/environment/

　そこで、働くうえでの魅力を、転職者へきちんと伝えられるよう言語化するとともに、ホームページのライティング部分を改善しました。お客様と長期的なお付き合いができることや、各自の得意分野を活かしてより幅広い提案ができることなど、求人情報に書ききれないところも明記しています。

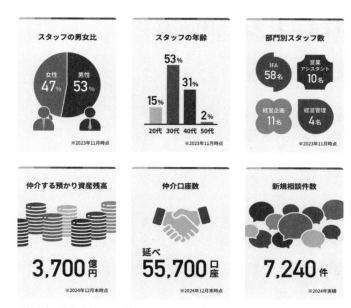

（出典）株式会社Fan「数字で見るFan」より
https://fancorp.jp/recruit/data/

　また、預かり資産残高や相談件数などがかなり多かったため、数字として見える化し、企業としての成熟性をアピールしています。
　その後も、支援した内容を元に、デザインや改修が繰り返され、現在でも括用されています。
　結果として、以前は採用の選考途中で離脱する方が多かったものの、ホームページの改善後は、上記のような情報を読み込んで応募し、離脱なく入社する方が増えました。新卒採用においても、単に稼ぐのではなく、「お客様のためにより良い仕事をしていこう」という気持ちを持った方が多くなっているとのことです。

2　株式会社大崎製作所様

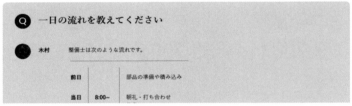

（出典）株式会社大崎製作所「採用情報」より
https://ohsaki-s.com/recruit/

　株式会社大崎製作所様は、空気圧縮機の販売やメンテナンスなどを行っている企業です。筆者が支援を始めたころ、ちょうどホームページを立ち上げるところでした。しかし、採用情報のページでは求人情報のような募集要項のみの掲載だったため、求職者向けにより深く会社を知っていただくための社員インタビュー掲載を提案させていただきました。

(出典) 株式会社大崎製作所「採用情報」より
https://ohsaki-s.com/recruit/

　特に効果があったと感じたのは、インタビュー動画の掲載です。写真だと、社長や部長の表情が硬く怖い印象を与えがちでした。しかし、自社の魅力について穏やかに話す様子を動画として見られるようにしたところ、若手の離脱率がかなり減りました。社長や部長の人柄とともに、会社の魅力が伝わるようになったためと考えられます。現在でも、応募が採用までつながるケースが多く、若手社員も活躍しているとのことです。

3　有限会社新生工業様

　有限会社新生工業様では、新たな試みとして、退職者インタビューの掲載を予定しています。同社では職人という仕事柄、十数年勤めたあとに独立する方が多かったものの、本人の夢を応援するスタンスで退職者を送り出していました。そのような退職者にインタビューすることで、「新しい人が入社したときも応援して、優しくサポートしてくれる」と伝えられるのではないかと考えました。
　そこで、実際働いている若手と退職した若手が、社長と直接語り合う形でインタビューの掲載準備を進めています。辞めた人だからこそ言える本音を載せることで、会社についてより理解してもらえるのではないかと期待しています。

4　株式会社エフワイ様

　株式会社エフワイ様は、機械器具の設置工事などを行っている企業です。BtoB事業のため世間からの認知度が低いうえ、ホームページも古い状態でした。今の会社について知るすべがないため、求職者に内定を出しても「本当にこの会社は大丈夫なのか、不安だ」とご家族に反対されるという事態が起きていました。

　そこで作成したのが、会社のパンフレットです。コーポレートカラーで統一したデザインにしつつ、以下の情報を掲載することで信頼性や安定性をアピールしました。

- 工事を行った都道府県（47都道府県中46か所）
- 有給取得率（85％）
- シェア率（福井県の道路標示版などでNo.1）
- 工具数（6,000種類）
- グループ企業創業（1933年〜）　など

　結果として、いわゆる「家族ブロック」が減り、若手の採用につながりました。

5　株式会社青山様

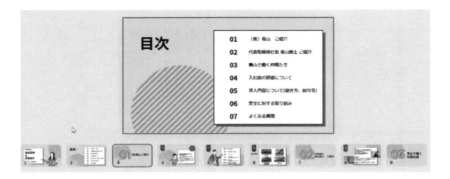

　株式会社青山様は、鉄筋工事を行っている企業です。面接担当者が話すことが得意なタイプではないため、面接で自社の良さを伝えきれないという課題がありました。そこで、求人には載せきれないが、求職者には伝えたい情報を、デザインツールを使って見映え良くまとめました。

- 会社紹介
- 施工実績
- 先輩社員の紹介
- 入社後の研修
- 仕事の流れ　など

　口下手な面接担当者でも、この会社説明資料を使い読み上げるだけで、自社について不足なく伝えられる形に整えました。今後担当者が変わったとしても、誰でも自社の良さを一定の質で伝えられる便利なツールとなるでしょう。
　結果として、20名以上の採用を実現できただけでなく、社長からは「早期離職も減った」とのコメントがあり、ミスマッチを防ぐこともできました。

番外編
－採用支援をサービスとして
行いたい方に向けて－

第 **10** 章

採用支援サービスの解説

» 第9章までは、採用に悩まれている会社向けに解説してきました。第10章では視点を変えて、採用支援をサービスとして行いたい方向けに、「何をどう進めていけばよいのか」について簡単にお伝えしていきます。

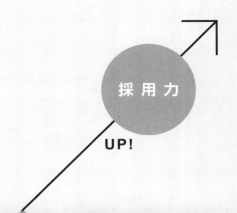

第1節

採用支援サービスを始めてみませんか？

第1節では、そもそも採用支援サービスとはどのようなものか、対応領域や種類など基礎知識について解説します。

1　採用支援サービスの対応領域

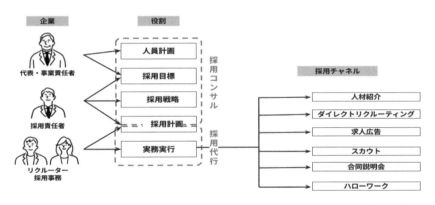

採用支援サービスと聞くと、真っ先に思い浮かべるのは人材紹介や求人広告の媒体を提供する会社ではないでしょうか。しかし、採用のノウハウやリソースが不十分な会社を支える「採用コンサルティング」（以下、「採用コンサル」といいます）や「採用代行」といった仕事もあります。

採用コンサルは人員計画から採用戦略まで、ときには採用計画まで対応する、いわば上流工程を支援する仕事です。一方、計画に基づいて実務実行をサポートするのが、採用代行になります。一口に採用支援サービスといっても、仕事内容によって対応領域が異なる点をまず覚えておきましょう。

第10章　採用支援サービスの解説　317

2 サービス種別ごとの価格帯

採用コンサルと採用代行の価格帯は、以下の要素によって変わってきます。

- 法人やフリーランスといった運営形態の違い
- アドバイザーや全体設計、実務代行といった立ち位置の違い
- アルバイトや新卒正社員といった採用ジャンル、採用目標人数の違い

中小企業の採用規模で依頼する採用コンサルであれば月10万円〜60万円、採用代行であれば月3万円〜50万円ほどが相場です。価格が高くなりやすいのは、採用コンサルとして戦略設計から改善の提案までする場合や、採用代行として実務実行の部分をすべて巻き取るような場合です。

また、サービス形態としては、筆者のように採用コンサルと採用代行を一体的に提供しているケースもあります。このような場合は、コンサル20万円と代行20万円で合計40万円といった価格設定も可能です。逆に「ちょっとだけ手を借りたい」といったニーズに応えるよう、月5万円で無料媒体の運用や応募対応のみ支援するパターンもあります。

第2節 具体編：具体的にサービスを始める方法

　採用支援サービスを続けていくうえでは、何よりも依頼者の満足度と高い実績の蓄積が必要です。採用成功率という目に見える成果がある分、実績が多くなれば、サービスとして選ばれやすくなります。

　とはいえ、サービス開始前の商品設計や継続的な集客活動も、もちろん大切です。ここでは採用支援サービスの具体編として、より実践的な内容について解説します。

1　採用代行サービスの組合せパターン

自社ならではの強みをプラス

　採用代行サービスは以下のように、多様な仕事と組み合わせることが可能です。

- 労務顧問
- 求人広告代理店
- 人材紹介業
- 採用支援ツール営業
- ホームページ制作
- その他自社事業

　例えば、労務関係では「人材確保で悩んでいる」という話が必ず出るため、顧問をしている社会保険労務士が採用まで請け負うのもよいでしょう。ATS（採用管理システム）やWeb面接ツールなど採用支援ツールの営業と同時に、採用担当者がいない企業の採用活動を支援するのも1つです。

　実際に相談があった例として、制作会社から「採用ホームページ制作を担当したものの、採用が上手くいっていないようだ」というものがありました。そういう意味では、ホームページ制作会社が採用のノウハウを獲得して付加価値を生み出すのも、自社とお客様の双方にメリットが大きいといえます。また、筆者の1人には、自分で介護事業所の経営をしながら、福祉事業を行う他社の採用代行をしている者もいます。

　自社の事業や強みを掛け合わせて独自性の高い採用代行を提供できれば、他社との差別化により、数あるサービスの中から選ばれやすくなるでしょう。

2　商品設計の考え方

　採用支援サービスを始める際は、採用コンサル寄りと採用代行寄り、どちらの方向で進めるかも考える必要があります。採用コンサルは、半年や1年などスポット的な介入で、比較的単価が高く、最終的には内製化をゴールとするイメージです。
　一方、採用代行は実務部分を巻き取る分、単価はあまり高くありません。しかし、お客様とのお付き合いが長くなる分、LTV（顧客生涯価値）が向上しやすい傾向にあります。
　採用のノウハウがあれば採用コンサル寄り、少なければ採用代行寄りにすると事業として始めやすいでしょう。

3　集客方法のコツと手法

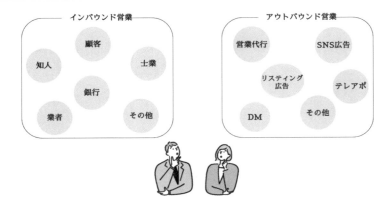

　採用支援サービスの集客方法は、大きく分けると以下の2つが挙げられます。

- インバウンド営業
- アウトバウンド営業

　採用支援サービスにおけるインバウンド営業とは、人の紹介で依頼が舞い込む形です。採用支援はエリアや業種や規模が多岐にわたるため、競合が生まれにくい傾向にあります。また、成果がわかりやすい分、お客様としても知り合いに紹介しやすいサービスです。そのため、始めの数社で成果を出して満足してもらえれば、お客様からお客様への紹介で依頼は増えていきやすくなります。
　社会保険労務士をはじめとした士業系の方々や、採用のプロをつなげる仲介者とのパイプも大切です。特に、多様な企業とつながりがある銀行と信頼関係を築けると、様々なお客様を紹介いただけます。
　一方、アウトバウンド営業とは、こちら側から動いて依頼を呼び込む形です。営業代行の会社にアポ獲得の依頼をしたり、SNS広告やリスティング広告の運用会社へ出稿依頼したりします。意外と反応率が

高いのは、郵送やFAXでのDM送付です。テレアポや広告に慣れている方々にとって、紙のDMは逆に印象深かったのか、問合せが多くなった経験があります。

　このように営業手法には様々な種類があるため、自社のノウハウやリソースに合わせて組み合わせてみてはいかがでしょうか。

4　支援体制の組み立て方

コンサルタント

ディレクター

（アシスタントディレクター）

アシスタント

　採用支援サービスの人員体制について、筆者は下表のように大まか
な分け方をしています。

	役　割
コンサルタント	セミナーや商談対応、課題解決に向けて戦略を立案、改善提案など
ディレクター・アシスタントディレクター	計画に基づいて実務を実行、進捗管理、関係者調整など
アシスタント	コンサルタントやディレクターのサポート、作業や応募対応など

　基本的には、コンサルタントが「釣り理論」のベースを考えたあと、
ディレクターが進捗管理しながら、アシスタントが応募対応や資料作
成などの実務を進めます。また、採用後の教育に課題があった場合な
どは、お客様の企業が組織として成長できるよう、コンサルタントが
改善にむけて、より踏み込んだ提案をしていきます。

　採用コンサル・採用代行問わず、「このお客様には、コンサルタン
トとディレクターで進めましょう」など役割分担をしてチームで動く
ようにすると、スムーズに支援できるでしょう。

5　その他：集客するための裏技

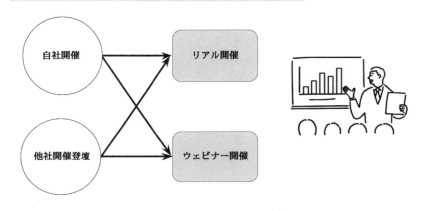

　採用ノウハウに関するセミナーの開催・登壇も、集客効果が期待できます。自社で開催するほか、以下のような他社の経営者向けセミナーへ講師として登壇するのも1つの方法です。

- 銀行
- 商工会議所
- 各種経営者の会
- 各種業界団体　など

　セミナーは講師料をいただきながら営業活動もできるためメリットが大きいです。セミナー登壇実績も見られるため、呼ばれる機会が増えると自然と依頼も舞い込みやすくなります。また、コロナ禍以降はWeb上で開催するセミナーとして、「ウェビナー」も広がりました。ただし、対面式のセミナーとはまた違ったノウハウが必要なため、専門家に相談しながら進めることをおすすめします。

最終章

今後の採用市場

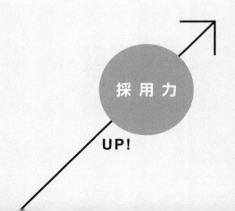

最終節

未来に向けての採用

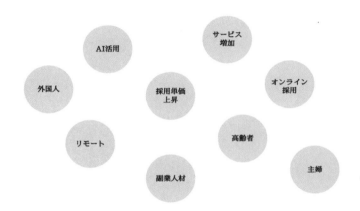

　未来の予測は難しいところですが、直近半年〜1年ほどのトレンドを見ることで、採用市場の動向を予測しやすくなります。2025年現在、筆者が今後鍵となってくると感じているのは、上図のワードです。

　例えば、スカウトや求人票の文章を作成する際などでAIを活用できるシーンが増え、SNSをはじめとしたインターネット経由の採用サービス・オンラインツールも多くなってきています。労働人口が減っていくなかでは、外国人人材や主婦・高齢者・副業人材の活用も重要です。また、採用単価が上昇しているため、採用にかかる費用も踏まえて経営全体を考える必要があります。

　サービスやツールが増えている分、様々な担当者と情報交換しながら取捨選択していくことも大切です。営業担当者などとコミュニケーションを深めることで、採用に関するトレンド情報を収集しやすくなります。

しかし、新しい採用手法は早めに飛びつきすぎてもよくありません。かといって、出遅れてしまうと、他社に人材を取られてしまいます。そのため、「その地域で、他社よりも少し早めに情報をキャッチする」程度のスピード感が望ましいといえます。

現状を変えるのはもちろん、未来の採用も成功させるためにも、最新情報を少し早めに把握するように意識しましょう。

本書がみなさんの採用成功に役立つことを、心より祈っております。

あとがき

　2020年、採用コンサルティングの仕事をいただいた1社目のお客様で、思うような成果が出せず「採用失敗」してしまいました。高額な報酬をいただいていたにもかかわらず、何をすれば採用成功につながるのかわからず、定例ミーティングで言い訳をする日々。「プロに頼んでも何も変わらないですね」という言葉が突き刺さり、とても悔しかった。今でも申し訳ない気持ちは拭えません。

　そこからは、コンサルの先輩方から学び、情報を徹底的に集め、思いついたことはすべて実行しました。求職者と面談するために自腹で他県まで出向き、移住転職希望者のためにアパートを自費で借り上げ、引っ越しの手伝いを自家用車で行うなど、お客様の採用成功のためにあらゆる手段を尽くしました。その結果、採用成功率はほぼ100％に達し、成功と失敗のパターンが見えてくるようになり、どんな案件でも採用できる自信がついてきました。

　その経験から生まれた採用成功の法則を体系化し、方程式にしたのが「釣り理論」であり、本書の内容です。さらに私一人の知見では足りない部分を補うため、ともに採用コンサルティングを行う11名の仲間たちの知恵と経験を結集し、1つの書籍にまとめました。

　本書完成にあたっては、まず、地方在住で営業リソースもない我々筆者たちが全国各地の企業様と繋がりを持てて、これだけの実績をつくることができたのは、プロシェアリングを提供する株式会社サーキュレーション様（東証グロース上場）のおかげです。各地で奮闘する営業の方々に深く感謝申し上げます。
(サーキュレーション様は、フリーランスや外部専門家といったプロフェッショナル人材を企業の課題とマッチングさせるプロシェアリングを提供する企業で、経営・DX・新規事業などのあらゆる領域で支援を行い、大手企業からスタートアップまで多様なクライアントにサービス提供しています。興味がある方は調べてみてください。)

また、本書で事例として紹介させていただいた各企業様、快く掲載を承諾してくださり、本当にありがとうございました。事例ページを作成し、一社一社に「掲載させてもらえますでしょうか」と確認した際、「おめでとうございます、ぜひ使ってください」「おかげさまでその後も採用できています」「順調そうで何よりです、また遊びにきてくださいね」と温かい言葉をいただき、胸が熱くなりました。

　事例には載せられませんでしたが、これまで北海道から九州まで、100社以上のクライアント企業の皆様にご期待いただき、一緒にプロジェクトを進めてまいりました。心より感謝申し上げます。皆様との取組み１つ１つが、私たちの成長の糧となり、今があります。

　そして、ともに採用コンサルティングや採用代行で価値提供をしてくれているコンサルタント、ディレクター、アシスタントの皆さん、いつもありがとうございます。皆さんの一生懸命な取組みと、お客様からの喜びの声があったからこそ、本書を作り上げることができました。

　最後に、編集の株式会社日本法令の吉岡さん、ギリギリまで細かい要望をお伝えしてご迷惑をおかけしましたが、このような貴重な機会をいただき、完成まで引っ張ってくださり、心より感謝申し上げます。

　本書を執筆するにあたり、多くの方にご協力をいただきました。この場を借りて、心より御礼申し上げます。

著者代表　小口　正史

<著者経歴>

小口　正史

採用コンサルタント、人事コンサルタント

㈱日本経営にて全国の医療法人、社会福祉法人等の人事制度構築コンサルティング、教育研修事業に従事した後、㈱リクルートキャリア（現㈱リクルート）に転職し、求人広告を活用した中小企業の採用支援に従事。その後、福祉事業の開業支援コンサルティングを経て、採用コンサルティングのベンチャー企業に取締役として参画後、㈱ユウミを設立し、現職。

独自理論による採用手法で、人口減少地域、高難易度職種の採用を次々に成功。過去3年で100社を支援し、顧客満足度、採用成功率ともに97％以上。

現在スタッフ23名、随時45社ほどの企業様を継続支援。マイナビ、リクルート、メディア総研など人材系企業で圧倒的な顧客価値を生み出した採用領域のプロ、その他事業領域や人事領域のコンサルタントがチームを組み、全国各地の中小企業の人事支援業務に従事し、多くの実績を上げている。

鈴木　貴士

採用コンサルタント、マーケティングコンサルタント

2016年、メディア総研㈱に入社し、採用コンサルティングの分野で新卒採用のマーケティングや集客支援に従事。2018年に独立し、「戦略設計 × 実行支援」の両輪で上場企業や中小企業の採用をサポートしている。

新卒・中途採用においては、単なる手法やツールの活用にとどまらず、企業の本質に合った採用プロセスの設計と、確実に機能する仕組みづくりに注力。経営やマーケティングの知見を活かし、採用組織の立ち上げを得意とする。特に、ダイレクトリクルーティングを活用した実務支援では、多くの企業で「欲しい人材を採用できる」成果を実現している。

現在は、採用支援にとどまらず、経営コンサルタントや社外人事としても活動。経営者や人事担当者と伴走しながら、組織に適した持続可能な支援を行っている。

宮坂　真菜

採用コンサルタント、ブランディングプランナー

　新卒で大手人材総合サービス会社に入社し、企画業務全般を担当。その後、地方移住、出産子育てを経て、採用支援業界に参画し独立。現在は㈱ユウミの自社採用担当、および採用コンサルタントも務める。地方の中小企業への採用支援を行うほか、マーケティングなどにも知見を持つためブランディングなどでも支援。会社の魅力を引き出して言語化することを得意とし、求人の最適化や改善を通じて採用力向上をサポートしている。

坂村　学

採用コンサルタント、事業運営コンサルタント

　大学卒業後、医療機器メーカーにて海外顧客向けのコンサルティング営業に従事。その後、2020年に独立し、障害者グループホーム7棟を経営。自身の会社の経営において採用の難しさを実感したことをきっかけに、採用コンサル会社で採用に関する知識を習得。

　現在は、「医療・福祉・介護」領域のマネージャーとして採用支援を行っている。また、サービス管理責任者、東京都福祉第三者評価者、シニアライフプランナーの資格を保有し、現場運営やマネジメントの知見にも優れている。

澤田　宝悦

採用コンサルタント

　新卒で㈱マイナビに入社し、法人営業に3年半従事した後に独立。独立後は、求人広告の総合代理店や、新卒向けの人材紹介事業、ベンチャー企業の人材紹介事業の立ち上げに携わる。求人広告営業が表面的な提案にとどまりがちな現状を踏まえ、企業に最適な採用手段の選定と活用方法まで深く支援するコンサルティングに魅力を感じ、コンサル業に。クライアントワークを得意とし、各種採用媒体の特徴や活用ノウハウに精通。企業の採用課題に深くコミットし、最適な採用戦略を提案している。

小沢　栄輝

採用コンサルタント

　新卒で求人広告代理店に入社し、採用コンサルティング営業に従事。その後、採用業務に携わることを志し、メーカー子会社へ転職。採用担当として、製造分野の専門職採用から未経験者採用まで幅広く経験する。現在は、地方の中小企業を中心に、即戦力採用や未経験者採用など、さまざまなプロジェクトに参画し、採用支援を行っている。企業に深く寄り添い、伴走する支援が特徴。現在は建設系（現場作業や施工管理等）の相談が多く、全国各地で多数の実績を残している。

好井　享平

採用コンサルタント

　立命館大学卒業。2021年〜2023年に㈱リクルートにて100社以上の採用支援を担当。代理店営業組織の責任者として、新卒採用やマネジメントに携わる。2024年に独立し、新卒・中途採用に関する業務のほか、新人育成や評価制度、営業組織の責任者を務めるなど幅広い領域を経験。営業生産性向上と離職率の低下に取り組む。さらなる採用成功の経験を積むべく、日々奔走中。費用対効果を考慮し、最適な採用戦略を立てることを強みとし、年間休日85日の企業や、施工管理や建築設計職の採用など、難易度の高い採用を次々に成功させている。

中本　崇浩

採用コンサルタント

　山口県出身。1992年5月1日生まれ。徳山工業高等専門学校情報電子工学科を卒業後、中央出版ホールディングス㈱内の営業販社に入社。入社2年目で成績を残し、当時史上最年少で営業所長に抜擢。採用と人材育成を強みとし、より多くの活躍の場を求めて独立。独立後は採用コンサルティング業務、RPO業務、事業開発支援、企業研修講師など人事の「採用」と「教育」の領域を採用専門とする。多様な業種・職種、エリアを問わず採用成功に導いた経験と戦略立案〜採用実務まで幅広い支援ができ、粘り強く厚みのある採用支援に定評あり。

及川　卓
採用コンサルタント

　北海道札幌市出身。北海学園大学卒業後、新卒で大手不動産会社に入社し不動産売買の仲介営業を経験した後、㈱リクルートに入社。
　求人広告を活用した業界・業種・雇用形態を問わない幅広い採用支援に携わるほか、不動産会社向けの集客支援や営業体制の構築支援にも従事。100社以上の企業の中途採用支援を経験し、現在も地元北海道の企業を中心とした採用支援を行っている。

遠山　祐基
採用コンサルタント、人事・事業コンサルタント

　北海道大学経済学部を卒業後、2016年に㈱リクルートに新卒入社。新卒・中途採用の支援をはじめ、育成・研修プログラムの策定、人事制度・組織設計など、人事領域をトータルで支援するコンサルタントとして、約150社を担当。中小企業から大手企業まで幅広い企業の採用課題に対峙。現在はHR領域にとどまらず観光を通じた地域創生にも注力。現在ではコンサルタントとして、地場大手からベンチャー企業まで、採用プロセスの設計から現場での実務実装までを幅広く支援。また道内での宿泊事業も展開している。

本郷　翔平
採用コンサルタント、戦略コンサルタント

　長野県安曇野市出身。東京学芸大学教育学部を卒業後、新卒で長野県の学習塾にUターン就職。その後人材紹介、企業内人事の実務経験を積む。人材紹介会社ではCA・RAの両面を担当。その後、創業60年の老舗コングロマリット（多角化企業）の人事部立ち上げや、ホールディングス化および分社化、シェアードサービス構築等バックオフィスを幅広く担当。事業開発の経験もあり、事業戦略と採用戦略を融合させた支援が強みである。業種職種問わず、年商数億規模〜数百億規模の企業まで幅広く支援を行っている。

佐々木　純平

　大学卒業後に大手コンサルティング会社に入社。一貫して物流・運送会社の経営コンサルティングに従事。特に採用・育成の仕組みづくりを中心に延べ100社以上を担当。現場主義をモットーに企業ごとに最適な戦略立案、体制構築を行ってきた。

　コンサルティングだけでなく社内の人事を経験。

　企業のコンサルティング、社内人事、キャリアアドバイザー、面接代行など採用の業務を包括的に経験しており、トータルでの採用活動ができる。

中小企業が採用で成功する絶対法則
――求人広告で予算を無駄にしないためにやるべきこと

令和7年4月20日 初版発行

〒101-0032
東京都千代田区岩本町1丁目2番19号
https://www.horei.co.jp/

	検印省略

著者　口　木　坂　村　田　沢　井　本　川　山　郷　木　倉　井　国　宝
　　　小　鈴　宮　坂　澤　小　中　遠　本　佐々　青　岩　丸
　　　史　正　貴　真　宝　栄　享　祐　翔　純　鉱　春　工　社
　　　士　真　　　　　　　　　　　　　　　　　　　　　　　　
　　　菜　　　　　　　　崇　　　　　　　　木　文
　　　学　　　　　　　　　　　　　　　　　　倉
　　　悦　浩　卓　基　平　太
　　　輝　平　　　　　光

発行者 青木鉱太
編集者 岩倉春文
印刷所 丸井工社
製本所 国宝社

（営　業）TEL 03-6858-6967　Eメール syuppan@horei.co.jp
（通　販）TEL 03-6858-6966　Eメール book.order@horei.co.jp
（編　集）FAX 03-6858-6957　Eメール tankoubon@horei.co.jp

（オンラインショップ）　https://www.horei.co.jp/iec/
（お詫びと訂正）　https://www.horei.co.jp/book/owabi.shtml
（書籍の追加情報）　https://www.horei.co.jp/book/osirasebook.shtml

※万一、本書の内容に誤記等が判明した場合には、上記「お詫びと訂正」に最新情報を掲載しております。ホームページに掲載されていない内容につきましては、FAXまたはEメールで編集までお問合せください。

・乱丁、落丁本は直接弊社出版部へお送りくだされば お取替えいたします。
・JCOPY〈出版者著作権管理機構 委託出版物〉
　本書の無断複製は著作権法上での例外を除き禁じられています。複製される場合は、そのつど事前に、出版者著作権管理機構（電話03-5244-5088、FAX03-5244-5089、e-mail: info@jcopy.or.jp）の許諾を得てください。また、本書を代行業者等の第三者に依頼してスキャンやデジタル化することは、たとえ個人や家庭内での利用であっても一切認められておりません。

©M. Oguchi, T. Suzuki, M. Miyasaka, G. Sakamura, H. Sawada, E. Ozawa, K. Yoshii,
T. Nakamoto, S. Oikawa, Y. Toyama, S. Hongo, J. Sasaki 2025. Printed in JAPAN
ISBN 978-4-539-73099-7

便利でお得な 定期購読のご案内

定期購読会員（※1）の特典

¥0 送料無料で確実に最新号が手元に届く！
（配達事情により遅れる場合があります）

少しだけ安く購読できる！
- ビジネスガイド定期購読（1年 12 冊）の場合：1 冊当たり約 155 円割引
- ビジネスガイド定期購読（2年 24 冊）の場合：1 冊当たり約 260 円割引
- SR定期購読（1年 4 冊（※2））の場合：1 冊当たり約 410 円割引

会員専用サイトを利用できる！

割引価格でセミナーを受講できる！

割引価格で書籍やDVD等の弊社商品を購入できる！

定期購読のお申込み方法

振込用紙に必要事項を記入して郵便局で購読料金を振り込むだけで，手続きは完了します！
まずは雑誌定期購読担当【☎03-6858-6960 ／✉kaiin@horei.co.jp】にご連絡ください！

1. 雑誌定期購読担当より専用振込用紙をお送りします。振込用紙に，①ご住所，②ご氏名（企業の場合は会社名および部署名），③お電話番号，④ご希望の雑誌ならびに開始号，⑤購読料金（ビジネスガイド1年 12 冊：12,650円，ビジネスガイド2年 24 冊：22,770円，SR1 年 4 冊：5,830円）をご記入ください。

2. ご記入いただいた金額を郵便局にてお振り込みください。

3. ご指定号より発送いたします。

※1）定期購読会員とは，弊社に直接1年（または2年）の定期購読をお申し込みいただいた方をいいます。開始号はお客様のご指定号となりますが，バックナンバーから開始をご希望になる場合は，品切れの場合があるため，あらかじめ雑誌定期購読担当までご確認ください。なお，バックナンバーのみの定期購読はできません。

※2）原則として，2・5・8・11月の5日発行です。

企業の総務・人事担当者，社会保険労務士必携！

改正情報や労務のトレンドを Catch Up するためのマストアイテム

ビジネスガイド

購読料金：(1年) 12,650円
(2年) 22,770円

　ビジネスガイドは 昭和40年5月創刊の労働・社会保険や人事・労務の法律を中心とした実務雑誌です。企業の総務・人事の実務担当者および社会保険労務士の業務に直接影響する，労働・社会保険の手続，労働法等の法改正情報をいち早く提供することを主眼としています。これに加え，人事・賃金制度や就業規則・社内規程の見直し方，合同労組・ユニオン対策，最新労働裁判例のポイント，公的年金・企業年金に関する実務上の問題点についても最新かつ正確な情報をもとに解説しています。

社会保険労務士の情報源といえば…

改正情報や労務のトレンドを社労士としてのMarketingにつなげたいなら

開業社会保険労務士専門誌 SR

購読料金：5,830円

　労働・社会保険，税務の官庁手続＆人事・労務の法律実務誌「月刊ビジネスガイド」の別冊として，平成17年より発行を開始いたしました。
　本誌は，すでに開業をしている社会保険労務士やこれから開業を目指す社会保険労務士を対象に顧客開拓や事務所経営，コンサルティング等に関する生きた使える情報を豊富に盛り込み，実践的に解説する，開業社会保険労務士のための専門誌です。
　実務への影響が大きい法改正情報はもちろんのこと，就業規則，是正勧告，あっせん代理，退職金，助成金，特定社会保険労務士制度等にかかわる最新の情報や「いかにビジネスにつなげるか」のノウハウを提供しています。本誌を読むことで，多くのビジネスチャンスを得るためのヒントを手に入れることができます。

■ 定期購読に関するお問い合わせは，**日本法令** 定期購読会員係　[電話：03-6858-6960　E-mail：kaiin@horei.co.jp] まで